심령과학 시리즈 9

육감의 세계 (상)

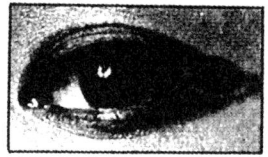

해롤드 셔어먼 / 저
안 동 민 / 역

瑞音出版社

머 리 말

 심령과학 시리이즈 제9권 제10권으로는 심령과학이나 초감각적 지각(超感覺的知覺)을 믿지 않는 사람이라도 그 생각이 달라지지 않을 수 없는 미국의 심령연구가 해롤드 셔어먼의 《육감(六感)의 세계》 상하권을 펴냈다.
 초감각적 지각이란 우리들이 지니고 있는 선천적인 힘이지만 아직 많은 사람들이 그 존재를 이해하고 있지 않을 뿐만 아니라 충분히 이용하고 있지도 않은 놀라운 힘인 것이다.
 살아 있는 세포는 모두가 환경의 변화에 민감하며, 극히 미세(微細)하면서도 가장 발달된 라디오나 텔레비젼의 회로보다도 훨씬 더 복잡하다.
 우리들의 신체 안에 있는 오관(五官)의 중요성을 강조하는 것은 그 움직임이 아무렇지 않은 것 같으면서도 매우 중요하기 때문인 것이다.
 초감각적 지각이란 한마디로 말해서 우리들의 예지(叡智)의 끈나풀인 것이다. 많은 과학자들이 초감각적 지각을 아직 중요시하려고 하지 않고 있지만, 그 중의 일부 사람들은 이것을 중요시 하여 정신의 대뇌전달(大腦傳達)에 대해 연구하고 있다. 초능력이 이해되고 약이나 최면, 또는 정신집중에 의해서 그것을 재현시킬 수 있다면 국제간에 있어서도 공격하려는 나라의 주모자들의 마음을 감시하거나 위험한 행동의 기선(機先)을 제압할 수도 있으므로 사회를 좀먹거나 국가 또는 인류를 파멸의 구렁텅이로 몰아 넣는 행위를 미연에 방지할 수 있을 것이다.

　헤롤드 셔어먼씨는 그런 뜻에서 그가 직접 체험한 것을 이 책에서 증거를 바탕으로 하여 쓰고 있다. 그리고 셔어먼씨는 마음의 파장을 상대방에 맞춤으로서 상대방의 신체나 마음의 변화를 정확하게 알아낼 수 있는 능력을 가지고 있다. 그리고 그 초감각력이 어떻게 뇌세포의 신경계통을 자극하여 그것을 느끼게끔 해 주는가를 규명하기 위해 지금도 연구를 계속하고 있다.

　예를 들어 그는 그가 아는 사람이 병이 날 것 같으면 그것을 멀리 떨어져 있으면서도 느끼고 전화로 문병하거나 걱정해 주고 있다. 이 밖에도 자기의 연구결과 사람들에게 도움을 주었으면서도 항상 겸손해 하며, 그 재능을 헌신적으로 사용하고 있다는 점에 깊은 경의를 표하는 바이다.

역　자

육감의 세계 ㊤ • 차례

머리말 ─────────────────── 5

제1장 상식을 초월하여

    1. 상식을 초월하여 ──────────── 12
    2. 전등을 켜지마셔요! ─────────── 14
    3. 광대한 우주 안에 ──────────── 19
    4. ESP연구의 시작 ──────────── 22
    5. 수천 킬로나 전해진 상념 ──────── 25
    6. 잠재력과 무한한 가능성 ───────── 30

제2장 신비의 탐구

    1. 마음의 신비의 탐구 ─────────── 34
    2. 오전 2시의 기적 ──────────── 38
    3. 텔레파시로 화해한 여인 ──────── 43
    4. 잠재의식 수준 ───────────── 48
    5. 제2 인격에 의한 방해 ────────── 55

제3장 감정을 바탕으로 하여

    1. 강한 감정을 바탕으로 하여 ─────── 60

2. 소지품으로 과거를 안다 ——————— 69
　　3. 가출 소년의 이야기 ——————— 74
　　4. 유령이 유령을 죽이다 ——————— 81

제4장 텔레파시 통신

　　1. 텔레파시 통신 ——————— 92
　　2. 마음 속의 이중노출 ——————— 106

제5장 예감의 계시(啓示)

　　1. 예감이란 무엇인가? ——————— 118
　　2. 도둑을 조심하라! ——————— 128
　　3. 교통사고로부터 구제받다 ——————— 133
　　4. 무엇이 나를 인도했는가? ——————— 140

제6장 미래를 알 수 있다

　　1. 마음은 시간을 초월하여 ——————— 144
　　2. 모든것에 있는 지성체 ——————— 150
　　3. 영감(靈感)의 독촉을 받고 ——————— 154
　　4. ESP의 경고 ——————— 160
　　5. 국가의 위기를 경고하다 ——————— 165
　　6. 백악관을 덮은 검은 베일 ——————— 167

제7장 신비스런 꿈의 인상

　　1. 불가사의한 꿈의 세계 ——————— 180

2. 죽음의 꽃 ——————————— 186
  3. 꿈 속의 계시 ——————————— 190
  4. 대중을 꿈으로 지배할 수 있을까? ——— 197

제8장 유체이탈의 불가사의

  1. 불가사의한 유체이탈 ——————————— 204
  2. 그가 저승에서 돌아왔다 ——————————— 208
  3. 불가사의한 생명의 구조 ——————————— 211
  4. 또 다시 유령을 만나다 ——————————— 218
  5. 내가 유체가 되었을 때 ——————————— 225
  6. 유체이탈의 경험담 ——————————— 244

제1장
상식을 초월하여

1. 상식을 초월하여

　무엇인가 일어날 듯한 예감이 들었다.——그런데 그것이 그대로 적중되었던 일이 여러분들에게도 있었지 않은가?
　몇개월 혹은 몇년 간이나 마음에도 두지 않고 있었던 사람의 생각이 갑자기 났는데 얼마 후에 그 사람으로부터 편지가 날아왔다든가 전화가 걸려왔다든가, 생각지도 않은 때에 뜻밖의 장소에서 우연히 만난 일은 없는가?
　어떤 사람에 대한 직감적인 인상이 사실 그대로였던 일은 없었던가?
　어떤 일을 하고 싶다, 또는 하고 싶지 않다는 마음이 강해져서 그 충동에 따른 후, 뒤에 일어난 일로 보아서 그렇게 한 것이 옳았다는 것을 알게 되었다는 경험은 없었던가?
　미래에 일어난 어떤 사건의 박진감 있는 꿈을 꾸었다던가 혹은 환상을 미리 보았다는 일은 없었던가? 유령이나 망령을 본 경험은?
　살고는 있지만 실제로 그곳에 있지 않은 어떤 사람의 모습, 또는 누군가 죽은 사람의 모습을 보았다고 생각하거나 혹은 자기가 자신의 육체를 떠나 먼 곳을 방문했다가 그에 대한 명확한 또는 막연한 기억 같은 것을 안은 채 돌아온 것 같은, 그런 마음이 든 일은 없었던가?

지금은 이 세상에 있지 않은 사랑하는 이의 목소리가 무슨 일에 대해서 경고를 했다든가, 혹은 아직 살아 있다고 단언하는 말을 들은 것 같은 생각이 들었다는가, 당신이 알고 있는 또는 알지 못하는 무엇인가 지성체(知性體)의 유령을 느낀 일은 없었던가?

이러한 경험 중 어떤 것이라도 한 가지 경험한 일이 있었다면 초감각적 지각, 즉 초능력이라고 오늘날 불리우고 있는 현상을 직접 경험했다고 생각해도 좋을 것이다.

이와 같은 명확한 표현은 듀우크 대학(북캐롤라이너주)의 초심리학 부장이며, 이전에 '심령현상'이라고 표현되던 일들을 선구적으로 연구하여 세계적으로 그 명성을 떨친 J·B·라인 박사에 의해서 처음으로 발설된 것이다.

그러나 오늘날까지의 세월을 통해 심령(心靈)이라고 하는 낱말은 실로 수많은 이질적인 초자연적 현상을 뜻하게 되었으며, 영매(靈媒)니 점술가니 하는 비슷한 가짜들에 의해서 잘못 사용되어 그 평판이 나빠졌기 때문에 이제 과학자나 뜻있는 사람들 사이에서는 돌아보지도 않게 되었다. 왜냐하면 친구나 친지들이 약간 '머리가 돈' 사람으로 취급하지나 않을까 하여 스스로 체험한 초자연적인 경험은 무엇이든 숨기고 말하려 하지 않게 될 것이다.

그러나 지금에 와서는 초감각적 지각이라고 하는 용어가 오감(五感)의 범위를 벗어난 모든 현상을 설명하는 말이 되었으며, 이것을 감출 필요도 없게 되었다고 생각한다.

나는 이 광범위한 능력에 대한 나 자신의 최초의 기이한 체험을 생각하지 않을 수 없다. 그것은 텔레파시가 존재한다는 것을 나 자신에게 결정적으로 증명한 감동적인 체험이었다.

2. 전등을 켜지 마셔요!

1915년 나는 미시건주의 트래버즈시에 있는 우리 집 이층에 있었다. 이 방은 서향(西向)이었는데, 마침 해가 질 무렵이었으므로 주위가 어두워지고 있었다.

그때 나는 타이프를 치고 있었는데 평소에 하던 대로 전등을 켜려고 일어섰다.

전등을 켜려고 막 스위치에 손을 대려는 순간 외부에서 들려오는 소리가 아니라 마음 속 깊은 곳에서,

"전등을 켜지 마시오!"

하는 것이었다. 너무나도 뜻밖에 소름이 끼치는 명령이었으므로 주춤할 수밖에 없었고, 무엇때문에 그런 명령을 받은 것일까 하고 어리둥절했다.

그러나 이 재촉하는 마음에는 거역할 수가 없어 책상으로 되돌아가 아마 10분쯤 타이프를 계속 쳤는데, 그때는 이미 주위가 완전히 어두워졌으므로 아무래도 전등을 켜지 않을 수가 없게 되었다.

그런데 다시 한번 스위치에 손을 대려고 하는 순간 또다시 가슴 속에서 예의 소리가 되풀이 해서,

"전등을 켜지 마시오!"

라고 하는 것이었다.

그와 거의 동시에 누군가가 아랫층 현관에 황급히 달려와서 문을 두들기고 초인종을 누르는 것이었다. 전등을 켜지 않은 채 아랫층으로 내려가 문을 열고 배선공(配線工)과 얼굴을 맞대었을 때,
"전기를 켜지 마시오! 밖에 있는 댁의 전선에 고압선이 걸쳐 있습니다!"
라고 말하는 것이었다.

나이는 퍽 젊었으나 전등을 켜는 동작에 온 정신을 집중시킨 순간에 자기 자신은 무어라고 설명할 수 없는 어떤 이유로 배선공의 마음과 파장을 맞추고 있었다는 것을 알았다.
그 10분 사이에 그 사람은 전등을 켜지 말라고 경고하기 위해서 여러 집을 차례로 달리고 있었다. 그리고 그 사이에 있어서 그의 감정적으로 높아진 상념(想念)이 본인이 도착하기 전에 나 자신의 마음에 닿아 있었던 것이다.
이 사건은 너무나도 명확한 일이므로 우연이라던가 혹은 동시 발생의 탓으로만 볼 수는 없었다. 그렇다고는 하지만 어떻게 해서 이런 일이 가능한가, 그에 대한 충분한 지식을 얻을 수만 있다면 상념(想念) 전달이 가능할 뿐만 아니라, 우리들은 자유롭게 그들을 되풀이 해서 이용할 수 있지 않을까, 라고 나는 생각했다. 이렇게 하여 나는 내 전생애를 건 연구에 뛰어 들게 되었던 것이다.
나는 마음의 신비에 관한 것을 될 수 있는 대로 많이 발견하여 마음의 힘을 의식하여 제어하고 감독하고 싶다고 하는 크나 큰 꿈을 갖게 된 것이다. 나에게 일어난 일을 명확하게 하기 위해서 먼저 그럴싸한 문헌을 찾아 내려고 도서관에 가 보았다.

그리니 옛날 일이어서 권위 있는 자료는 거의 갖추어져 있지 않았다. 그런데 이 방면의 명저(名著)라고 생각뇌는 한 권의 주목할 만한 책을 발견했다. 그것은 바로 토머스 허드슨의 《심리현상의 법칙》이라는 책이었다.

마음의 기능과 잠재의식층의 성질에 관한 이 사람의 지식은 그가 살던 시대보다도 훨씬 앞서 있었다. 이 초감각적인 능력을 믿게 할 수 있고, 증명도 할 수 있는 지식은 일반적으로 결핍되어 있었으므로, 나 자신의 몸을 실험 재료로 해서 독자적으로 연구와 실험을 할 필요가 있다고 생각했었다.

세월이 흐름에 따라 나의 연구결과 분명해진 것은 우리들의 오감이 미치는 범위를 초월하여 무한히 퍼져 나가는 새로운 세계가 존재한다는 것이었다.

무슨 일에 대해서도 표면적으로 밖에는 보지 못하는 육체적 감각을 나는 믿을 수가 없게 되었다.

이미 백문(百聞)이 불여일견(不如一見)이란 말은 필요없게 되었다. 하나의 의자——그것은 나에게 있어서 전에는 절대로 그 속까지 단단한 것이라고 생각하고 있었으나, 지금은 궤도를 끊임없이 돌고 있는 몇 십억인가의 움직이는 원자로 구성되어 있다는 것을 알게 되었다.

그리고 이들 원자 사이에는 우주의 별과 별 사이처럼 거리와 공간이 나 있으며 따라서 두 개의 물체가 동시에 같은 장소를 차지할 수 없다고 하는 낡은 물리학의 설명은 사실이라고 할 수 없다는 것을 알게 되었다.

또 지상의 어떤 생물은 어떤 범위에서는 인간보다도 훨씬 더 민감한 감각 능력이 있다는 것을 알게 되었다.

예를 들면, 개는 인간의 귀에는 들리지 않는 진동의 피리 소리를 듣고 그에 대한 반응을 일으킬 수 있다.

새는 우리의 청력이 미치지 못하는 음의 진폭으로 노래할 수 있으며, 믿을 수 없을 만큼 멀리 떨어져 있는 곳에 적이 접근해 오고 있나는 것을 발견할 수 있을 정도로 동물의 후각(嗅覺)은 날카롭다.

지금까지도 동물적 본능에 의지하고 있는 호주의 부슈만 족은 사냥꾼이나 탐험가가 접근하는 것을, 그들이 도착하기 수일 전에 알아내는 능력을 갖고 있다는 것을 알게 되었다.

또 우리들에게는 들리지 않는 소리가 신경계통에 깊은 진동성(振動性)의 효과를 준다는 것도 정신과 의사들은 이제 알게 되었다.

자기 자신의 눈에 보이지 않는, 더구나 의식으로는 알아차릴 수 없는 어떤 힘의 영향을 우리들은 끊임없이 받고 있다. 인간의 눈에는 한정된 색채의 무늬밖에는 보이지 않는다.

그럼에도 불구하고 우리들이 감지할 수 없는 색깔의 조합이 거의 무한이라고 할 수 있을 만큼 넓게 존재한다는 것을 오늘날의 과학으로 알게 되었다.

자신의 외부와 내부에 있는 우주에 대한 우리들의 지식이 너무나도 얕다는 것을 알게 되기까지에는 망원경·현미경·X선의 발달이 필요했었다.

기계를 사용해서 음성과 영상으로 재생하여 보이거나 들리게 하는 방법 외에 눈이나 귀에 들어오지 않는 라디오나 텔레비젼 전파가 우리 주위의 공기 속에 가득차 있었다는 것을 우리들은 항상 느끼고 있을 것이다.

지금에 와서는 인간의 신체 그 자체가 발신기 겸 수신기라고 말하고들 있다. 그리고 최근의 과학은 신체의 각 세포가 특수한 기능을 완수할 수 있는 본질을 갖고 있을 뿐만 아니라, 신체에서 일어나는 것은 무엇이든 남김없이 기록한다고 하는 가설을 세우고 있다.

그러므로 우리들이 이해할 수 없는 지성체가 무한히 작은 것으로부터 무한대의 것까지 모든 형태의 생명으로 가득차 있다는 것을 상상할 수 있다.

3. 광대한 우주 안에

　우리들을 구성하고 있는 물질은 어디에서 오는 것일까? 물질이란 단지 나타나고 창출(創出)될 뿐이라고도 한다. 물질은 항상 변하여 한 가지의 것으로 고정되어 존재하지를 못하고 창조가 끊임없이 진행되고 있다는 데에 대해서 우주 천문학자들의 의견은 꽤 일치되어 있다.
　그들의 추측에 의하면 눈에 보이는 우주도 사실은 '새로운 물체'라고 부를 수 있을지도 모를 것이 1억에 0을 24개 붙인 톤수의 비율로 매초(秒) 창조되고 있는 것이다.
　새로운 은하계(銀河系)가 끊임없이 형성되고 있는 팽창중인 우주가 있다는 것이 바로 터무니 없이 큰 창조력을 뜻하고 있다고 하겠다. 하나 하나의 별이 태양이며, 대부분의 경우 우리가 갖고 있는 태양보다도 훨씬 더 거대한 몇 천억이나 되는 별을 포함한 우주에 우리들이 존재하고 있다는 것은 오늘날에 와서는 이론(異論)의 여지가 있을 수 없는 사실로서 나타나 있다.
　이들 태양의 주위를 또 무수한 혹성이 돌고 있다. 그리고 우리 자신에 필적할 만큼 지성이 발달한 생물이, 또는 우리들이 전혀 이해할 수 없으리만큼 고도로 진화된 생물이 있는 혹성이 무진장하게 있을지도 모른다. 이렇게 생각해 보면,

우리들의 생명의 탄생과 발전이란 것은 광대한 우주라고 하는 학교의 고작 초급 유치원에 지나지 않는다는 것을 인정하지 않으면 안된다.

인간의 마음이 그와 같은 우주에서 일어나는 사건을 알게 되고, 사물의 창조적인 계획 안에 조그맣게 몸을 도사리고 있다는 것을 알기 시작한 것은 아주 최근의 일이다.

기록으로 남아 있는 가장 오랜 옛날에 신에 대한 모든 개념이 초자연적인 현상을 통해서 일어났다는 것은 매우 뜻깊은 일이다. 자연 속에서 일어나는 일 중에서 설명할 수 없는 문제를 원시인들은 자기들보다도 훨씬 위대하고 신비한 신의 조화로 생각했다.

이 힘을 달래고 그의 호감을 사기 위해서 귀중한 소유물뿐만 아니라 같은 종족에 속하는 사람들까지도 희생되었다.

또 경건한 의식을 정하고, 복수를 모면하고자 원했으며, 죄업을 쌓아 온 갖가지 결점을 통탄하고, 고백하고, 경배한 것이다.

이러한 거칠고 미신적인 기도는 차츰 여러 종파로 성장했고, 초기의 성직자가 된 요술사에 의해서 통괄되었다.

두려움과 무지에서 생긴 개념을 후세대에 전달하기 위해서 여기에 미신이나 신화가 결부되었고, 그 그림자는 오늘날에 와서까지도 인간들이 믿는 종교에서 여러 가지 형태의 '지옥과 천국'으로 나타나게 된 것이다.

그러나 분명히 초자연적인 사건이라고 생각되는 이야기는 이 가지각색의 종교——소위 말하는 사교(邪敎), 정교(正敎)——의 교의(敎義)나 신조 속에 섞여져 있다. 즉 부활한 구세주, 문둥병 환자의 치료, 죽은 자의 부활, 천사의 출현, 신의 말씀, 성자 같은 사람들의 승천, 신성한 곳으로부터 받았다고 생각되는 꿈과 환상, 물을 포도주로 변하게 하고 보리떡 열 개로 수천 명을 배부르게 먹게 한 물질적인 기적 등 여기저기에서 볼 수 있는 참으로 정신적인 영감(靈感)의 증거가 바로 그것이다.

원래 진실에 바탕을 두었던, 두지 않았던 간에 형이상학적인 신비스런 일들을 믿지 않았다면, 결코 종교는 성립되어 있지 않을 것이다.

따라서 과학이 미신과 무지를 타파하고 근절시키고 있는 현대에 있어서는, 모든 종교의 신자들은 자기들이 공공연하게 믿고 있는 종교상의 영적 현상이 실재한다는 것을 증명하는 데에 전념하고 있는 것같이 생각된다.

오늘날에 와서 인간에게 가끔 나타나고 있는 초능력이라 불리우는 것이 증명되기 위해서는 그것을 직접 보여 줄 수 있는 실증에 의해서만 그와 같은 증명이 가능해질 것이다.

만약 이러한 능력이 현실적으로 있다면 ── 더구나 그것이 있다고 하는 증거가 압도적이라면 ── 그것들을 과학에 의해 연구하고 발달시킨다는 것은 이 지구 위에서 할 수 있는 가장 중요한 연구가 될 것이다.

우주공간이나 다른 세계에 대한 모든 의문은 그렇게 함으로써 그 그림자까지도 자취를 감추게 될 것이다.

이것은 이 세상에 있어서의 인간에 관한 여러가지 문제, 즉 인간의 본질과 창조주와의 관계에 대해서 틀림없는 회답을 줄 것이기 때문이다.

그렇다면 이러한 지식이 지금 어느 정도까지 알려져 있는 것일까? 이 초감각력을 확실히 이해하고 실제의 사용법을 얻기 위해서 어떤 일을 해야 되며, 또 앞으로 어떤 일을 하지 않으면 안되는 것일까?

4. ESP 연구의 시작

심령현상을 과학적으로 조사하기 시작한 것은 지금부터 100년도 채 되지 않는다. 1882년에 케임브리지 대학의 학자들이 모여서 영국심령연구협회를 창립했다.

프랑스에서도 국제심령연구소가 창설되었는데, 그 목적은 서로 비슷한 것이었다. 신비스런 사건을 조사하여 그 성질과 기원을 알아내려고 한 데에 목적이 있었다.

두 단체가 모두 '그저 재미로 도깨비나 요귀를 연구하고 있다'고 비판하고, 우롱하는 19세기의 회의론자들이나 비웃음만 던지는 사람들로부터의 강력한 반대에 부딪치게 되었다.

그로부터 얼마 후에 미국심령연구협회가 설립되었다. 그 이후 이 세 그룹은 지금까지도 활발한 활동을 전개하고 있으며, 지금 급속한 발전을 이루고 있는 마음과 그 초감각적 잠재력에 관한 지식에 헤아릴 수 없을 만큼 수많은 공헌을 하고 있다.

다수의 저명한 학자들이 각기 자기가 속해 있는 심령연구 단체의 발전에 힘을 기울이고 있다. 그들은 일반 대중을 옹호했고, 용기를 내어 그 분야의 연구로 사회적 신용을 높인 과학자들이었다.

소위 말하는 초자연적인 일의 발생은 과거에는 부정되기 보다도 오히려 악마의 소행이라고 해석되었었다고 말하는 편이 옳을 것이다.

모든 종교가 영적 계시와 신의 존재를 인정하는 것에 바탕을 두고 있었음에도 불구하고 그렇게 생각했던 것이 사실이다.

그 위에다 혼란을 더하게 하고 반대자측을 더욱 기고만장하게 한 것은 정말로 협잡이나 사기임에도 불구하고 많은 주술자나 사기꾼이 진짜 심령현상을 실현한다고 떠든 것이다.

이러한 사정 아래서 무지하고 자주 속아만 본 익숙치 못한 세상 사람들이 불가사의(不可思議)한 초능력이 있다는 것에 비웃음으로 대했다는 사실은 놀랄 만한 일이 못된다.

나무랄데 없는 인품을 갖춘 학자가 이 분야의 탐구를 권위와 존경의 바탕 위에 정립시켜 놓는다는 것은 한층 더 곤란했었다.

초감각적인 지각을 오늘날과 같은 경지에까지라도 높이는 데에 뛰어난 공헌을 한 사람들은 다음과 같다.

영국——올리버 롯지, 윌리엄 클룩스, 아더 코오난 도일, 바르피르, 헤르딘, H·H·프라이스, C·D·브로드, 헨리·시직웍, J·W·던 소울, S·H·솔트매시, 에드먼드 가아니, 테오도르 베스타맨, 와트리 캘링턴.

프랑스——카밀 프라마리옹, 샤를르 리세이, 알렉시 카렐, 유우진 오스티.

미국——윌리엄 제임즈, 월터 플랭클린 프린스, 모우튼 프린스, 제임즈 히즈롭, 헬워드 캘링턴, 애프튼 싱클레어, 윌리엄 맥도우걸, J·B·라인 박사, 가아드너 머피 박사.

이들 연구가의 업적을 기록한 책은 많다. 그리고 몇 천에 이르는 개인 기록이 조사되고 그 가치가 검토되었다. 심령연구의 정기간행물이나 회보의 보고서에서도 그 경과에 대한 수많은 자료가 게재되어 있으며, 많은 도시의 도서관에서 그것을 입수할 수가 있다.

그러나 그것이 아무리 중요한 것이었다 하더라도 과거의 연구를 백과사전처럼 기술하는 것이 이 책의 주된 취지는 아니다.

오히려 나 자신의 체험과 실험한 관점에서 밝혀진 일이라든가, 당신이 어떻게 하면 똑같은 결과를 얻을 수 있는가 하는 문제를 논의해 보려는 것이다.

이제까지의 인생에 있어서 나는 진실이라고 증명된 광범위에 걸친 초감각적인 체험을 얻었는데, 의식해서 유도한 것도 있거니와, 굳이 얻으려고 하지 않았는 데도 체험한 것도 있다.

이것은 몇 년이나 꾸준히 마음의 감수성을 뚜렷한 것으로 발달시켜 보려고 온갖 노력을 기울였고, 육체적 오감을 초월한 것으로부터 온 것이라고 생각되는 감각은 모두 기꺼이 받아 들이려고 했었기 때문이다.

5. 수천 킬로나 전해신 상념(想念)

　1937년의 가을과 1938년의 봄에 북극 탐험가 휴버트 윌킨즈 경(卿)과의 연속적인 장거리 텔레파시 실험에서 그와 같은 능력을 시험할 좋은 기회가 있었다.
　그때 휴버트 경은 소련에서 북극을 가로 질러 미국에로의 무착륙 비행을 시도했다가 행방불명이 된 소련 비행사를 수색하기 위해서 뉴욕을 출발하여 북쪽으로 비행해 달라는 요청을 소련정부로부터 받고 있었다.
　그런데 실종된 비행기는 북극에서 약 320킬로미터나 떨어진 지점에서 불시착하고 말았던 것이다.
　그 위에 이 비행기의 무선장치가 고장이 나 쓸모가 없게 되었는데, 소련측은 비행사들이 북극 어딘가에 아직도 생존해 있을지도 모른다고 생각하여 수색대를 편성했다.
　나는 시티클럽의 같은 회원으로서 휴버트 경을 만났다. 그러자 그 자신의 생애를 통하여 느낀 가지각색의 일들 중 완전히 설명할 수 없는 육감에 대한 이야기를 말한 후,
　"인간에게 지금껏 신비 속에 남겨져 있는 가장 위대하고 아직 연구되어 있지 않은 분야는 인간 자신의 마음의 분야입니다."
　라고 확신하는 바를 말했다. 이렇게 하여 같은 분야의 문

제에 관심을 갖고 있다는 것을 알게 되었으므로 예의 정신감응(精神感應)에 관한 실험을 하기로 했던 것이다.

휴버트 경은 1주에 3일 밤, 즉 월요일과 화요일 그리고 목요일에 동부 표준시간으로 11시 20분부터 한밤중까지 나와 '상념을 맞추는 약속'을 하고 더 먼 북쪽을 비행하면서도 그 시차를 조정한다는 안(案)을 내 놓았다.

그는 보내는 쪽이 되겠다고 결정했다. 받는 쪽의 역할을 하기로 한 나는 지정된 시간에 서재에 조용히 앉아서 오랜 세월에 걸친 개인적인 실지 연습에서 안출한 방법으로 정신을 받아 들이기 쉬운 상태에 두는 것이다.

나에게 나타나는 인상을 기록하고, 또 기록을 공평하게 관찰할 필요가 있었다.

다행히도 당시 콜롬비아 대학 심리학과 교수인 가아드너 머피 박사가 나의 자료를 증명하는 일을 맡아 주었다.

실험은 연구실에서 한 것이 아니어서 박사는 기록 전체에 걸쳐서 심사하지는 못했다. 그러나 5개월 반의 연속적인 실험이 끝나자 머피 박사는, 내가 '받은 인상 전부의 사본을(정부의 소인으로 보호하여) 매일 밤 꼭꼭 그에게 우송했다'라는 단서를 붙여 증명해 주었다. 이 일련의 실험에 대한 증인이 되어 준 사람은 다음과 같다.

제1차 세계대전 중에 영국정부 촉탁 신경외과 의사였던 초감각적 지각의 권위자 A·E·스트러스 고오든 박사, 뉴욕 심령연구협회의 조사원인 S·W·해드윅 박사, 뉴욕 타임즈지의 단파무선 주임기사인 레지널드 아이바슨, 그리고 시티 클럽의 일반회원인 삼 에멀리였다.

실험이 끝난 후 윌킨즈씨의 일기나 일지와 대조해 보았더니 실험 기간 중에 기록한 몇백에 이르는 인상 가운데서 약

70% 정도가 정확했었음을 알았다.

레지널드 아이바슨의 증언은 여기에서 되풀이 할 만한 가치가 있으리라고 믿는다. 그는 그의 저서의 서약서에서 다음과 같이 언급하고 있다.

뉴욕 타임즈지의 무전기사인 나 레지널드 아이바슨은 휴버트 윌킨즈 경과 텔레파시 실험 중인 헤롤드 셔어먼씨가 연속적으로 접촉한 것을 증명한다.
윌킨즈 경과의 단파통신으로 셔어먼씨가 느낀 것을 대조하고, 그 결과의 보고는 순조롭게 돼 갈 것이라고만 생각하고 있었다. 그러나 그 시간중 내게 자기(磁氣)와 태양 흑점의 상태가 너무나도 나빠서 윌킨즈 경과의 통신을 원활히 할 수 없었다.
1938년 2월 21일, 월요일 밤에 나는 아내와 함께 뉴욕시 리버사이드 드라이브 380번지의 헤롤드 셔어먼씨 댁을 방문했는데, 그때 그는 연구실에서 휴버트 윌킨즈 경으로부터 한참 텔레파시를 받고 있는 중이었다. 그리고 그때 휴버트 윌킨즈 경이 몇가지 통신을 단파무선으로 나에게 보내려 하고 있는 인상을 셔어먼씨는 기록했다.
나는 정말 그럴까 하고 의심했다. 그 이유는 내가 다음 화요일과 수요일 이틀간은 신문사에서 언제나처럼 B번임을 윌킨즈씨는 알고 있었으며, 이쪽이 일을 하고 있지 않은 것이 확실할 때 그는 좀처럼 연락을 취하려고 하지 않았기 때문이다.
그러나 타임즈사에 있는 우리 야간무선 기사가 이 통신을 전날 밤에 받고서 전화로 나에게 전하려고 했었던 것과, 해롤드 셔어먼씨가 똑같이 나의 번선에서 텔레파시로 빋아서 기록한 정보가 그 통신에 첨가되어 있었던 것을 다음 날 아침이 되어 알게 되었다.

6개월이라고 하는 기간중에 해롤드 셔어먼씨는 휴버트씨나 그 북극(北極)에서의 여러가지 활동 상황에 대한 정보를 한번도 문의해 오지 않았었다.

요컨대 내가 의심하고 있었음에도 불구하고 우연히 안 일이지만, 단파무선으로 접촉을 유지한다는, 효과가 없는 시도로 얻은 것 이상으로 현실적으로 셔어먼씨 편이 행방불명이 된 러시아인 비행사를 수색중인 윌킨즈 경에게 일어나고 있는 사항을 텔레파시로 훨씬 더 상세하게 알고 있었던 것이었다.

이와 같은 실험——이 실험은 당시로서는 선구자적 입장에 있는 사람만이 할 수 있는 일이라고 생각하고 있었다——이 있은 후 아마튜어는 물론 과학지식이 있는 사람들조차 초감각적 지각에 대한 관심이 한층 더 높아졌다.

오늘날 세계의 모든 초심리학연구소가 이 실험을 하고 있다. 생리학·물리학·화학·생물학·신경학·심리학·정신병학 등과 같은 분야에 관련이 있는 여러 가지 정신 현상면에 관한 책자나 논문이 수없이 씌어졌다.

인간의 마음의 연구는 마침내 본래의 가치를 인정받게 되었고, 당연히 받아야 될 주목을 받게 된 것이다.

세속적인 성공이나, 단지 권력이나 부(富)만을 손에 넣었다 하더라도 참다운 만족은 얻을 수 없다는 사실은, 육체적인 오감만의 세계로서는 인간에게 아직 완전한 만족을 주지 못한다는 사실을 말해 주는 것이다.

인간에게 주어진 초감각적 지각 능력을 활동적인 것으로

만들어 개발(開發)하고 활용할 수만 있다면, 그때야말로 인간은 어떤 초월적인 힘과의 관계를 발견하고 자기 자신이나 온 인류가 평화로운 생활을 영위하는 데에 필요한 지도와 지혜를 얻을 수 있게 될 것이다.

6. 잠재력과 무한한 가능성

　위대한 사상가는 유익한 사상으로 인류를 깨우치고 문명에 커다란 발자취를 남겼다.
　누구나 다 의식을 지능에 따라 개발하려고 생각하면 그것을 능히 할 수 있는 것처럼, 이 초자연적인 힘에 맞춤으로써 위대한 사상가들의 의식은 마음 속으로부터 광명을 얻을 수 있었던 것이다.
　조로아스터·노자(老子)·석가모니·마호멧공자·모세·그리스도, 그 밖의 신성한 지도자의 신자들은, 자기들의 지도자처럼 영감에 의한 깨달음과 천성(天性)에는 도저히 이르지 못하는 것이라고 믿고 있다.
　지도자와 신도 사이에 있어서의 이질적(異質的)인 느낌이 정신적 발달과 진보에 커다란 장애물이 된 것은 너무나도 비극적인 사실이다.
　이들 신도의 대부분은 자기들이 지도자와 똑같이 신이 내린 재능을 받고 있다는 것을 믿지 않고 있다는 것이다.
　그들이 현실적으로 똑같은 정신적인 개발 가능성을 갖고 있다는 것을 깨달을 수만 있었다면, 이 지상에 있어서의 인간 생명의 특질과 성격을 얼마든지 더 높일 수 있었을지도 모른다.

그만한 초자연적인 힘이 자기 내부에서 자기를 통하여 널리 발휘될 수 있다는 것을 언젠가는 인간들이 틀림없이 알게 될 것이다.

다행히도 현대의 몇몇 정신적 지도자는 자각의 중요성과 개인이 자기 자신의 정신 개발을 시도할 필요성이 있음을 강조하기 시작하고 있다.

물리학자들은, 그것이 인간의 손에서 한번 떠나기만 하면 이 혹성 위에 존재하는 온 생명을 전멸시킬 수 있지 않을까 하는 우려까지도 자아내게 하는 프랑켄시타인과 같은 괴물을 생산했다.

그래서 인간은 자기 자신의 정신적 마음의 창조성을 통하여 절대적 파괴력을 가진 무기로 무장하고 있는 듯하다.

자기 자신으로부터 자기를 구출해 낼 수도 있는 하나의 힘을 총괄적으로 자각하여 개발하는 일에는 이제까지의 인간에게는 결핍되어 있었다.

마음의 영역에서 이 모든 일들을 관찰하고 연구계획하고 있는 마음의 법칙을 이해하고 있는 사람들은 이 일이 전부가 사실이라는 것을 알고 있다.

그것을 강조해서 표현한다면, 증오심은 언제나 증오심을 끌어 들이고, 사랑하는 마음은 언제나 사랑하는 마음을 끌어 당긴다. 신성(神聖)한 지도자는 어느 시대를 불문하고 한 사람 빠짐없이 사랑의 힘을 배우고 증오심을 일으키지 말라고 경고했다. 그러나 인간이라고 하는 생물인 우리들은 이와 같은 경고를 마음에 새겨 두는 것을 거부한 것이다.

만약 그렇지만 않았다면 이 세상은 몇 세기 전에 이미 그 전 생명력이 서로 조화를 이룬 낙원으로 틀림없이 되어 있었을 것이다.

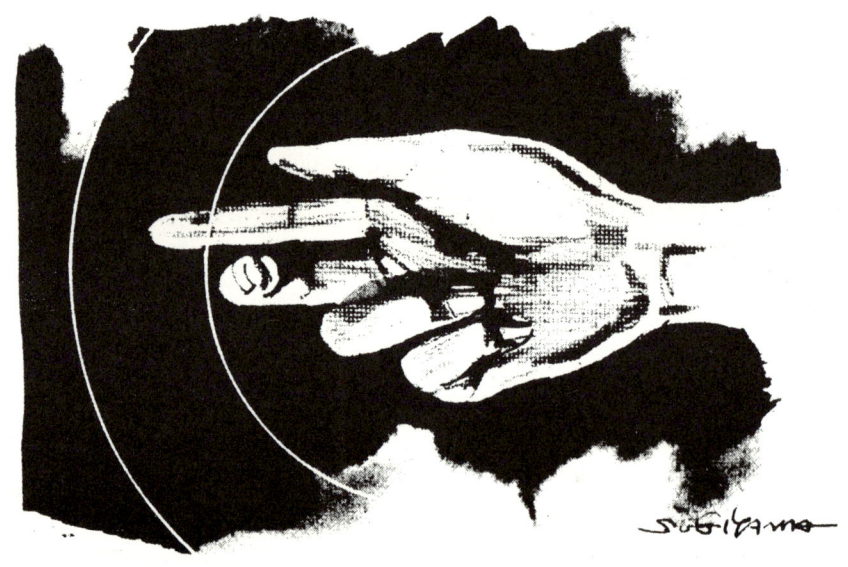

제 2 장
마음의 신비의 탐구

1. 마음의 신비의 탐구

    나는 마음의 힘에 대한 강연을 하거나 그 밖에 오찬을 같이 하는 모임에서 마음의 신비에 대해 질문을 받는 일이 자주 있다.
    "만약 노상에서 차가 조그마한 고장이 생겼을 때 수리공장까지 가지 않고도 고장을 고칠 수 있을 만큼 차의 내연 기관에 대해서 알고 있는 분은 몇 분이나 계십니까?"
    회원의 약 60% 정도는 손을 들고 자신의 기계에 대한 지식을 자랑스럽게 설명한다.
    미끼를 준비하면 다음에는 함정을 설치한다.
    "네, 감사합니다. 그렇다면 또 한 가지 여쭈어 볼 말씀이 있습니다. 여러분께서는 각자 퍽 훌륭한 감수성을 부여받은 기구를 머리 속에 넣고 계십니다——즉 이것은 여러분 자신의 마음을 가리키는 말입니다만——오늘날까지 만사를 성취하실 수 있으셨던 것은 모두가 다 이 힘에 의존했던 셈입니다. 그뿐만 아니라 장래의 행복이나 성공도 똑같이 오로지 이 마음의 작용에 달려 있는 것입니다. 이것은 의심할래야 의심할 수 없는 사실이므로, 자신의 마음은 어떤 모양으로 작용하고 있는지를 여러분 가운데서 누구든지 대답하실 수 있으신지요?"

이 질문에 대해서는 어느 때 어느 곳에서도 지금껏 손을 든 사람이 없었다.

어쨌든 모든 사람이 조용해졌을 때에 이번에는 다음과 같이 덧붙인다.

"좀더 능률적으로 마음을 움직이는 방법을 배울 수 있도록, 하루중 몇 분 정도는 여러분 자신의 마음에 대해서 이해를 깊게 해 가도록 하셔야 되리라고 생각하지는 않으십니까? 여러분의 마음이 현재의 여러분에 대해서 뿐만 아니라, 앞으로의 상태, 다른 사람과의 관계, 또는 그에 대한 여러분의 반응방법, 그리고 생명과 생활에서 참다운 가치가 되는 것 등을 근본적으로 결정해 버리기 때문입니다."

이렇게 말했을 때의 사람들의 반응에는 언제나 주목해야 될 만한 것이 있다. 자기에 대한 그러한 지식을 얻고 싶다고 하는 생각이 확실히 전달되어 오는 것이다.

그러나 아쉬운 일이긴 하지만 마음의 움직임에 대해서 확실히 나타내 보일 수 있는, 지식을 알기 쉽고 응용하기 쉬운 형태로는 손쉽게 가르칠 수 없다는 것이다.

정원에 나무를 심는 법, 어린이를 기르는 법, 시어머니와 사이 좋게 지내는 법, 카아드 놀이를 하는 방법 등 모든 일을 하는 방법에 대한 지도서(指導書)는 쉽게 손에 넣을 수 있다. 그러나 자기 마음을 작용시키는 기법은 어찌된 영문인지 시행착오식으로 혼자서만 알 수 있게 되어 있다.

초감각적 사실이 뜻밖에 나타날 때는, 언제나 사람들은 그러한 일을 우연 아니면 실제와 동시에 발생한 것으로 여기거나 혹은 그 현상을 기분 나쁜 것으로 생각하여, 경외하여 신비화 시키든가 그 어느 한 쪽이었다.

당신의 반응이 어떤 것이든 간에 특수한 능력이라든가 태어나면서 부여받은 강한 감수성이 없으면, 이런 종류의 '초상적(超常的)' 사건은 대개 숨겨 두거나, 알아 주리라고 믿는 친구 혹은 친척에게만 이야기하게 된다. 또 이 능력의 취급방법에 대해서도 알지 못하는 것이 많은 것 같다.

 마음의 작용을 설명하거나 초감각력을 의식적으로 제어하기도 하고, 지시도 할 수 있는 실용적인 기법을 소개하려고 시도한, 초감각적 지각 문제에 대해서 쓴 저자는 거의 없는 것 같다.

 그것은 유용한 효능을 갖고 있는 면이 있는가 하면, 똑같이 그 함정까지도 명백하게 지적하지 않으면 안되므로 중대한 책임이 뒤따르게 되는데, 명백한 잘못에 의해서 잘못 전달됨으로써, 흥미를 갖고 있는 사람들이 갈피를 잡지 못하여 정신이상자가 되어 진실된 현상을 포착할 수가 없게 되어 자기 기만이나 환각을 일으키는 일도 흔히 있을 수 있기 때문이다.

 이런 이유로 초감각적 능력의 사용 방법에 대한 믿을 수 있는 기초적인 교육이 절실하게 요망되고 있는 것이다.

 하긴 이 초감각력에 대해서는 우리들은 아직도 이해하지 못하는 점이 많이 있다. 주의를 기울이면서 미지의 세계에 들어감에 따라 이 탐구가 그처럼 주의를 요하기도 하지만 매우 뜻깊은 결과를 약속해 준다는 것도 알게 될 것이다.

 내가 쓴 방법이나 내가 얻은 체험은 당신에게 안전한 길잡이가 되리라고 믿는다. 나는 자신의 연구와 실지 연습으로 증명할 수 없었다고 생각되는 일에 대해서는 언제나 솔직하게 인정하고 싶다.

 그러나 내가 제안하는 방법을 충실히 실행한다면 어느 정도의 성과를 얻을 수 있다는 기대를 가져도 좋다고 말했을 때에는 그런대로 기대를 걸어도 좋다고 생각한다. 내게 효과가 있었던 방법은 반드시 여러분에게도 효과가 있을 것이기 때문이다.

내가 아직 청년의 몸으로 실험 연습을 시작했을 때 될 수 있는 대로 같은 또래 사람들과 같이 하려고 결심했다.

여기에는 두 가지 이유가 있었다. 하나는 그와 같은 실험법을 제안해 보아도 그 무렵의 나이 먹은 사람들은 거의 곧이듣지 않았기 때문이었고, 또 하나의 이유는 젊은 사람은 보통 마음이 맑고 새로운 사상을 잘 받아 들이며, 육체적 혹은 정신적 모험이라면 무슨 일이든 개의치 않고 기꺼이 해 본다는 점이었다.

어쨌든 사람들의 웃음거리가 되지 않기 위해서 공동 실험자를 신중히 선정할 필요가 있었다.

2. 오전 2시의 기적

 토마슨 허드슨의 저서에서 발췌한 것을 호우머라는 이름의 고등학교 친구에게 읽어 주고 전등가설 배선공에 대한 내 체험을 이야기했더니, 바로 나와 텔레파시 실험을 해 보고 싶다고 말하는 것이었다.
 사람이 잠을 자고 있어서 의식이 작용하지 않을 때에 염사(念思)를 보내는 편이 쉽다고 허드슨이 기술하고 있었으므로 호우머는 이렇게 제안했다.
 "어느 날 밤에 내가 잠자고 있을 때 염사를 보내고 일정한 시간이 지난 후 나를 깨우면 어떻겠나? 나는 잠들면 좀처럼 잠이 깨는 일이 없지."
 나는 아주 손쉬운 이 실험이 마음에 들었다.
 그러나 그가 그 일을 예상하고 있으면 그 결과에 영향을 미치게 될까 염려스러워서 호우머에게는 곧 바로 실행에 옮길 마음은 없다고 말해 두었다.
 만약 아무 일도 일어나지 않으면 그 사이에 그 일에 대해서는 잊어버리고 말 것이라고 호우머는 말했다.
 그는 내 편에서 보았을 때 시내 반대쪽에 살고 있었으며, 학교는 같았으나 실험이 끝날 때까지는 만나지 않기로 했다.
 이야기가 있은 후 3일째 되던 날 밤에, 보통이면 집에서 잠

제2장 마음의 신비의 탐구 39

 자고 있다고 호우머가 말한 시간에(밤 10시 경) 나는 침실에 가만히 앉아 있었다.
 창 밖의 밤하늘을 바라 보기도 하고 2백 미터 선방에 있는 법원의 둥근 지붕에 달린 시계를 보기도 하면서 조용히 앉아 있었다. 무릎 위에는 호우머의 사진이 실려 있는 고등학교 연대기(年代記)를 놓고 있었다.
 마음 속에서와 똑같이 소리로도 내어 이야기를 걸어 봄으로써 호우머의 용모를 심안(心眼)에 그리고, 그것을 상념 전달에 도움이 되게 하려고 생각했기 때문이다. 이것은 나의 착상이다.
 두 눈을 꼭 감고도 그의 모습이 마음 속에 떠 오를 때까지 호우머의 사진을 응시했다. 그리고 그에게 주의를 집중한 후 될 수 있는대로 감정을 말에 담아서 이야기해 보았다.
 "호우머군, 나는 해롤드일세. 새벽 2시 정각에 눈을 뜨고 거리의 시계가 2시를 알리는 순간에 나를 상기해 다오!"
 15분 정도 이 말을 되풀이 하고 때로는 눈을 뜨고 창 너머로 거리의 시계를 노려보고, 바늘이 오전 2시를 가리키는 것을 상상해 보기도 하고, 그 후에는 눈을 감고 마음 속에 그린 지금의 모습을 기억했으며, 이번에는 호우머에게 의지의 힘을 담아서 보냈다.
 그러자 어떤 에너지가 나 자신으로부터 사라져 가는 것을 느꼈다. 더구나 그것은 그 무엇에도 받아 들여지지 않은 듯한, 꽤 감정적으로 긴장되고 약간 표현하기 어려운 느낌이었다.
 호우머의 잠재 의식과 접촉했다가 바로 딱 거절당한 것 같은 기분이었다. 그래서 좀 더 강하게 하여 그에게 통신을 전달하려고 했다.

보내고 있었던 통신이 마침내 호우머의 마음에 발판을 발견한 듯 갑자기 기분이 아주 편안해졌다. 그래서 그 실험을 끝내고 잠자리에 들어 잠들어 버렸다.

다음 날 아침 7시에 전화벨 소리에 잠이 깨었다. 그리고 그것이 누구인지를 바로 알았다.

"잘 있었나 호우머! 어때 잘 됐나?"

라고 인사말을 건넸다.

"정말 효과가 굉장한데!"

하면서 호우머는 흥분한 말투로 다시 물었다.

"몇 시에 깨우려고 했는가!"

"거리의 시계가 꼭 2시를 알렸을 때야!"

"바로 그것이다!"

라고 호우머는 외쳤다.

"그러나 절대로 두번 다시 그런 일은 해 주지 말아 주게! 완전히 잠이 깨어 버려 밤새 뜬눈이었네. 자네가 방에 있는 것처럼 느껴졌고 내 이마에 손을 댄 것 같았네. 꼭 그때에 거리의 시계가 2시 정각을 알리고 있었네. 무시무시하기도 했지. 일어나서 전등을 켰을 때까지는 자네가 내 곁에 있다는 느낌을 떨쳐 버릴 수가 없었어……응! 거기에는 무엇인가 뚜렷한 이유가 있을 게 아닌가―― 하지만 나에게는 너무나도 무서운 일이야!"

호우머가 이 실험에 깜짝 놀랐다고 한다면 그것은 나에게도 역시 마찬가지였다. 그렇다고는 하지만 이 현상에서 생각하면 할수록 이상한 점이 몇 가지 있었다.

오후 11시 쯤에 호우머에게 정신을 집중했으니까 이쪽 상념을 틀림없이 그때 받았을 것이다. 그런데 지정한 시간에 호우머가 눈을 떴다고 한다면 '후기성(後期性) 텔레파시'라고나 할까.

거리의 시계가 치고 있을 때에는 나도 자고 있었다. 그러나 나의 잠재의식이 약속한 2시라고 하는 시간에 호우머를 깨운 것일까.

실제로 호우머의 몸에 손을 대고, 더구나 아마도 그의 방에 있다고 생각되는 어떤 에너지가 2시라고 하는 시각에 나의 몸으로부터 빠져 나갔단 말인가?

나는 그 무렵에는 유체이탈이라고 하는 것에 대해서는 아무 것도 알지 못하고 있었다. 혹은 그러한 사건을 의식적으로 조금도 자각하지 않고 육체를 떠나 그를 방문했을 가능성도 생각하지 못할 일은 아니었다.

올바른 해석이 어떤 것이든 실험이 성공했다는 것은 의심할 여지가 없었다.

근래에는 꽤 많은 경험을 쌓았기 때문에 나는 통신을 전달하는 아주 효과적인 방법을 우연히 발견하게 되었다. 보내는 쪽 사람의 영상을 마음 속에 그려 둔다는 것은 놀라울 정도로 효과가 있는 방법이었다.

정면을 향한 호우머의 사진을 응시하면서 나는 직접 그와 접촉하고 있었으며, 시간과 거리가 제거된 느낌이 되었다.

그의 눈을 들여다 보고 통신을 몇 번이나 되풀이 하고 있을 때 우리들 사이에 회로(回路)가 이어진 것 같은 생각이 들었다. 호우머가 깨어 있었다면 나의 상념을 잠재의식으로 받았을지도 모른다. 그러나 그의 의식이 무엇인가 다른 것에 집중하고 있었더라면 그렇게 잘 되었을지는 의심스럽다.

배선공(配線工)의 의식에서 '전등을 켜지 마셔요'라는 인상을 받았을 때 나의 전 신경은 불빛이라는 것에 집중되어 있었으며, 그것을 받아 들이기 위한 조건은 이상적이었다고 생각된다.

　그 위에 배선공의 감정도 자극되어 있었다. 그리고 이것이 송신을 성공하게 한 강력한 요소였다고 나는 그때 확신했다.

　호우머와의 경우는 분명히 대지급이라는 느낌을 나에게 환기시키는 것은 아니었다. 나는 그가 이쪽 통신을 받으라고 하는 강한 희망을 송신하는 배후에 작용시키는 일밖에는 할 수 없었다.

　그러나 나는 그 결과로 용기를 얻었고, 마음으로부터 함께 실험을 하는 피실험자를 또 찾아보기로 했다.

3. 텔레파시로 화해한 연인

수개월 후에 퍼시스라고 하는 처녀──그 여자는 우리 구역에 살고 있었는데 내가 텔레파시를 믿고 있다는 것을 털어놓고 이야기한 사람이다──가 초감각력에 의한 조력을 부탁해 왔다. 그 여자는 이렇게 말했다.

"제 말씀 좀 들어 주세요, 해롤드씨. 제 애인이 해군에 입대했는데 요즈음 휴가를 얻어 돌아와 있다는 말을 잠깐 들었습니다. 시골에서 가족과 만나고 있습니다. 그쪽 집에는 전화가 없습니다. 그리고 나는 무슨 일이 있어도 그와는 내가 먼저 연락을 취하고 싶지 않습니다. 그 사람과 사이가 나빠졌기 때문이죠. 그렇지만 전화를 걸어와서 만나고 싶다고만 한다면 사실은 화해하고 싶은 생각입니다. 텔레파시에 무엇인가 힘이 있다면 그것을 증명할 수 있는 좋은 기회입니다. 그가 나에게 전화를 걸어 내일 일요일 밤에 상의하기 위해서 데이트한다는 통신을 그이에게 보내 주세요. 만약 그가 그렇게 한다면 전 텔레파시를 믿겠습니다."

퍼시스는 이런 의뢰를 하기 위해서 토요일 밤에 나를 불러 냈다. 나는 당신과 융커는 절교했으므로 이것은 퍽 어려운 일이지만, 어떻게든 해 보자고 했다.

나는 그날밤에 늦게까지 자지 않고 기다리고 있었더니 융커가 그때 틀림없이 잠자리에 들어가 자고 있다는 생각이 들기 시작했다.

나는 또 예의 낡은 고등학교 앨범을 꺼내어 융커의 사진을 찾아서 확실히 마음에 보이게 될 때까지 계속 응시했다. 그리고는 큰 소리로, 다음과 같이 이야기를 했다.

"융커, 자네는 퍼시스를 만나고 싶지? 그 여자도 자네를 만나고 싶어하고 있네. 내일이라도 좋으니 전화를 걸어서 내일 밤 7시 경에 데이트 하자고 부탁해 보게!"

호우머에 대한 실험에서 한 그대로 상대편에서 받았다고 하는 느낌이 들 때까지 이 통신을 계속해서 되풀이 했다.

충분히 30분 이상이나 이 통신을 보냈다. 꽤 격렬한 저항을 만난 것 같은 생각이 들었다. 그러나 일단 한숨을 돌릴 만한 기분이 되었을 때 송신을 중단했다.

다음날인 일요일에 퍼시스가 흥분한 목소리로 전화를 걸어와 지금 융커로부터 전화가 걸려 왔었다고 말했다.

"융커가 오늘 밤 7시 30분 경에 만나 줄 수 없겠느냐고 부탁해 왔어요?"

하고 나는 물어보았다.

"꼭 그 시간이예요."

라고 퍼시스는 그것을 인정했다.

"어떻게 하는 것인지 몰라도 정말 멋있는 일이라고 생각해요!"

어떤 수단을 썼는지는 나도 잘 모른다. 안 것이 있다면 지금 말한 그대로 나는 정신을 집중시켰을 뿐이었다.

그리고 어느 경우에도 두 청춘남녀가 수면상태에 있으면서 간신히 나의 상념을 받아들인 것 같고, 잠에서 깨어난 후에 그것을 실행에 옮겼다는 것이다.

이것은 간단하고 사소한 실험에 지나지 않았으나 초심자인 나에게 있어서는 지극히 뜻이 깊은 것으로 생각되었다.

그것은 의식의 신비적 능력을 더욱 더 연구하고 싶은 나의 욕망을 자극했다.

라디오가 이제 막 보급되어 그로 말미암아 전파와 약간 비슷한 사고의 파동이 전달되는 '정신 에테르'라는 것이 있는 것일까 하고 생각했다.

개개의 인간이라고 하는 살아 있는 물체가 잠재의식의 수준에서 일체가 되어 있는 의식의 광대한 그물 모양의 조직이 있지 않을까? 그렇다면 지금 우리들은 그것을 깨닫지 못한 채로 있는 송신기이자 수신기란 말인가?

텔레파시가 근거가 있는 것이라면 무수한 상념(想念)이 언제라도 의식 사이에서 교환되고 있는 것이 아닐까. 그리고 사람들은 어떤 방법으로든 영향을 받고 있으며, 그것을 자각하고 있지 않을 뿐 아닌가?

그것을 확인할 수 있는 발달한 능력이 사람들에게는 없는 듯하다. 그런데 내 앞에 가슴을 뛰게 하는 놀라운 가능성을 가진 의식세계가 나타난 것이다.

나는 이 의식의 불가사의한 힘을 발달시킴으로써 끌어 내어지는 커다란 이익과 함께 커다란 위험까지도 예상할 수 있게 되었다.

인간이 발달시킨 것은 무엇이든 다 그것을 취급하는 방법에 따라 선악(善惡) 어느쪽으로도 될 수 있다는 것을 다시 한번 생각했다.

그러나 인간이 만들어 낸 것은 무엇이든 다 파괴의 목적으로 사용하지 않는다고 보장할 수 없음에도 불구하고 인간은 만들어 내는 일을 중단하려고 하지 않는다.

다행히 나는 운동경기에 흥미를 가지고 있었다. 그렇지 않으면 당시 심령현상이라고 불리고 있던 연구를 깊이 파헤치고 있었으므로 극단적으로 달렸을지도 모른다.

마음의 균형을 잃고자 생각했었더라면 혹 잃고 말았을지도 모를 일이다.

사람이 정신과 애정의 안정을 유지하고 바람직하지 못한 영향을 막는 수단으로서 건전한 정신을 건전한 신체에 깃들게 하도록 하는 것은 절대필요한 일이라고 그 이후 오늘날까지 명심하고 있다.

육체의 오감(五感)의 범위를 넘어선 의식의 힘이 있다는 것을 알게 되었으나, 의식의 작용에 대한 자신의 지식은 억울한 일이지만 너무나도 모르고 있다는 것을 동시에 깨달았다. 의식작용을 완전히 파악할 수 있었다면 자신의 모든 방면을 의식적으로 좀더 잘 제어할 수 있게 되리라고 생각되었다.

그렇게 되면 서서히 분명히 알 수 없는 초감각적 능력과 이성적으로 대처하여 아마도 어느 정도까지는 그 능력을 유도하기도 하고 감독할 수 있게 되리라고 믿었다.

이렇게 하여 나는 전생애를 건 이 연구에 손을 대었던 것이다.

정신계에 도전해야 될 미지의 문제가 지금도 내 앞에 가로놓여 있다. 그 진보는 지지부진하고 희망을 잃은 일도 여러번 있었으며 때로는 환멸까지도 느꼈으나 사기를 붙돋아 주고 호기심을 일으키게 하여 결과를 얻을 수도 있었다.

오늘날에 와서는 나는 간단히 몇 마디 말로 마음을 작용시키는 방법을 말할 수 있다. 여러분도 자신의 인생과정에서 그것을 실제로 시험해 보고 그 방법을 스스로 실증해 보기 바란다.

 그것은 본질적으로 정신활동의 전범위에 걸쳐 있다. 이미 이러한 사실의 몇 가지인가에는 정통(精通)하고 있는지도 모르며 혹은 정통하고 있지 않는지도 모른다.

 그러나 그렇게 쉬운 일이 아닌 초감각상의 탐구라고 하는 모험에 관계하기에 앞서 자세히 조사해 두는 편이 좋으리라고 생각한다.

 편의상 그리고 이해를 쉽게 하기 위해서 의식의 깊이에 따라 마음을 명확한 일곱 가지 수준으로 구분해 두고 싶다.

 그것은 다음과 같은 것들이다.

4. 잠재의식 수준

 이것은 현재의식(顯在意識)이 작용하는 부분이다. 마음의 이 부분은 육체적 오감의 작용으로 완전히 제한되어 있다. 이것은 자기가 사는 외계와 접하고 있는 것이다. 추리하고, 추측하고, 의심하고, 예측을 하며 동화하는 마음이다.
 당신의 몸에 일어나는 모든 일에 대한 심상(心像)의 끊임없는 흐름에 이러한 일로 자극을 받은 감정이 결부되어 잠재의식에 흘러 들어간다.

잠재의식에 의한 육체 제어수준

 이것은 심장·폐·위·신장, 그 밖의 신체의 전 기관의 전반적인 기능을 제어하고 감독하는 지능이 있는 부분이다.
 주지하는 바와 같이 이 제어작용은 의식적으로 생각할 필요가 없이 작용한다. 그러나 걱정·기우(杞憂)·증오심, 그 밖의 해를 끼치는 감정을 품게 되면 잠재의식층에 의한 이 제어활동에 혼란을 일으키게 하는 결과가 된다.

기억 수준

잠재의식의 이 부분은 오감을 통해서 받은 외계에서 체험한 모든 인상을 모두 저장해 두는 창고이다. 이 인상들은 마음에 그린 그림의 형태로 존재하고 있다.

하나 하나의 그림에 관계하고 있는 것은 그때의 감정이다.

이 기억은 필요에 따라서 현재의식의 요구에 의해 대개는 이용할 수가 있다.

창조적 수준

이것은 강렬하게 느낀 욕망이나 불안에 대하여 즉시 반응하고 건축가가 청사진을 사용하는 것처럼 이 인상들을 사용하여 마음에 그리고 있는 것은 무엇이든지 모두 끌어 당기는 힘을 갖고 있는 전자기적(電磁氣的) 부분이라고 해도 좋다.

만약 그 생각이 올바른 것이라면 인생에서 가장 바람직한 것을 얻기 위해서 필요한 조건과 환경·자력(資力)·기회, 그리고 만날 필요가 있는 사람들조차도 끌어당기는 데에 힘을 빌려 주려고 이 창조력은 활동하기 시작할 것이다.

치유력 수준

이것은 내가 생명의 에너지라고 부르는 것을 포함하고 있는 수준이다. 병에 걸리든가 상처를 입으면 이 예비적인 개조용 에너지가 작용하기 시작하고, 신체의 모든 세포에 침투하여 건강을 되찾는 임무를 완수한다.

질병이 치유된 건강상태를 기원하고, 또는 그러한 상태를 마음 속에 그릴 때 이 에너지를 구해 보면 좋다.

직관적 수준

이 마음의 수준에는 초감각적 지각의 능력이 들어 있다. 이 능력은 육체적 오감과 같이 시간이라든가 공간 또는 육체적 한계에 의해서 제한을 받지 아니한다.

보통은 직관으로서 인용되는 형태로 현재의식 수준과 통하여 그 기능을 다한다.

이 인상들을 의식이란 범위에서 합쳐져 일상생활 안에서 그 지도나 보호를 받는 일이 많다.

광대무변한 의식수준

이것은 의식의 최고 수준이며, 내부의 아주 깊숙한 곳에 있다. 그것은 조물주와 결부된다. 그것을 통하여 육체를 초월한 존재의 가능성을 기회가 있을 때마다 느낄 수가 있다.

만약 육체를 느슨하게 하고 현재의식을 휴식시켜 주의력을 실재의 중심방향에서 내부로 향하게 하면, 이 깊은 곳의 정적 속에서 다만 신의 존재, 또는 신의 의식으로 밖에는 묘사할 수 없는 것과 접촉할 수가 있다.

이것은 모든 진리의 광명과 영감이 생기는 수준이며, 이 수준에다 진짜 정신적 지도자나 신비가들이 마음을 맞추었던 것이다.

자아·본체·영혼——즉 '나는 영원하다'라고 하는 저 실재물——의 위치 관계를 마음 속에 그려 내게 하기 위해서 실체가 하나의 고리(還)의 중심에 있다고 상상해 주기 바란다.

자기를 둘러싸고 있는 것이 바로 의식의 일곱 가지 수준이다.

제일 바깥 쪽에서부터 현재의식 수준으로 시작하여 각 수준은 그 후 일성한 순서에 따라 중심 또는 참다운 자기의 방향을 향하여 내부에로 뻗어나고 있다.

물론 이것은 마음의 진짜 배열은 아니지만 그 작용을 이해하기 쉬운 방법으로 쓴다는 것은 어려운 일이다. 그와 같은 부분이 실제로 있고, 현재 그 기능을 완수하고 있다는 것은 매우 중요한 사실이다.

실재(實在)의 중심에 있는 참다운 자아는 활동을 일으키게 함과 동시에 관찰까지도 한다. 그것은 필요와 요망에 따라서 이 일곱 가지 수준 전부에 언제든지 관여할 수 있다.

이 혹성 위에서 살아가는 데에 필요한 장비와 기구를 부여받은 육체에 인간의 영혼이 깃들고 있다는 것은 분명한 일이다.

자유 의지와 자유롭게 선택하는 힘을 갖고 있으므로, 부여받은 모든 힘을 최고로 활용한다는 것은 인간의 책임이라고 할 수밖에 없다. 그러나 풍부한 잠재능력의 개발이라든가 여러 가지 정신능력, 감각능력을 계통적으로 연구하여 정립시킨 사람은 지금까지도 몇 사람 되지 않는다.

우리들은 스스로 상상도 할 수 없으리만큼 넓고 위대한 예지를 간직하고 있는 작은 우주이다. 그리고 각자가 의식적으로 자기의 실체를 알게 된 데까지 진화하고 있다.

우리들은 자기의 내부와 외부에, 그리고 생물과 무생물에 하나도 남김 없이 침투해 있는 듯한 이 초월적인 힘과 무한한 관계를 갖고 있다.

종교가는 그 힘을 신이라고 하며, 과학자는 에너지라고 부른다. 실제로 그것을 표현할 수 있는 적절한 말은 어느 나라의 언어를 찾아보아도 없다.

나는 청년시절에는 이런 생각이 머리에서 늘 떠나지 않아서 그 무렵에는 아주 무서웠고 또 고독한 느낌이 들었었다. ──이 광대함과 심원함에는 전혀 어찌할 수가 없다고 안타깝게 느꼈었다.

그런데 세월이 지나고 이제까지의 여러 해에 걸쳐 꽤 원숙해진 체험에 의해서 얼마간의 지혜가 갖추어지자 그칠 줄 모르게 솟아 나오는, 모든 것을 알고 있는 샘이 나타났다. ── 지금 나에게는 영혼이 갈망하는 진리를 찾아 헤매고, 그것을 발견해 나가는 영원의 존재가 있다는 느낌이 든다.

나의 마음에 나타난 것처럼 여러분들에게도 이 책에 씌어 있는 것을 통하여 이러한 내적 확신이 나타나기를 나로서도 바라는 바이다.

그것은 고금동서를 통해서, 인류가 열심히 찾고 구해 왔던 지식이다. 그것이야말로 자아(自我)나 육체적 감각의 한계를 넘어선 세계와 관계가 있는 초감각적 능력의 발달을 통해서만 계시되고, 그에 의해서 모든 인간이 의식적으로 조물주와 조화할 수가 있는 지식이다.

그러나 우리가 지금 여기에서 필요로 하는 것은 현재의 시점에서 인생과 맞서 싸우고, 성공시키는 힘을 부여해 주는 자아에 대한 지혜이다.

나는 마음의 작용에 대한 기본적인 사실을 완전히 배울 때까지는 나를 개발하려고 해도 거의 진보가 없었다. 여기에서 이 문제를 적어 내려가 보려고 한다.

인간은 원래 마음 속에 그린 그림에 의해서 사물을 생각하고 있는 것이지 결코 말로 생각하고 있는 것이 아니다. 사람에게 일어나는 모든 일은 기억 속에서 영상의 형태를 취하고 있다.

그것과 함께 기록되어 있는 것이 그때에 체험한 감정이고 혹은 감정에 호소한 반응이다. 일어난 일에 불안감과 증오심이 수반되어 있으며, 이 인상들은 내부의 의식과 함께 남는다.

어떤 일이 지나가 버렸다고 해서 그것이 이제 사람에게 조금도 영향을 끼치지 못하는 것은 아니다.

생애에 있어서의 경험은 지금에 이르기까지 기억의 흐름에 다른 형태로 살아 있다. 만약 그렇지 않은 경우라면 그것들을 자유롭게 생각해 낸다거나 혹은 무엇인가 불행한 사건을 회상함과 동시에 정신적 또는 감정적으로 불안해지거나 그렇지 않으면 무엇인가 비극적인, 혹은 아쉽게 생각하는 사건의 재발견을 걱정할 필요는 없을 것이다.

좋든 나쁘든 과거에 있어서의 생각의 종국적인 결과를 뿌리칠 수는 없다. 이것은 이미 기술한 대로 마음의 영역에서는 뜻이 같은 자들끼리 항상 모이기 때문이다.

과거의 경험이 정신적 혹은 감정적으로 과거에 어떻게 반응했는가에 의해서 현실에 영향을 받을 뿐만 아니라 또 근심 걱정이나 증오와 똑같이 욕망이나 열망의 성질에도 영향을 받게 된다.

사람이 상상하는 일은 무엇이든 그 생활 속에 재현하게 되어 있기 때문이다. 이것은 분명히 기억해 두기 바라는 바이다. 이 창조력에는 추리하는 능력이 없다.

잠재의식이 명하는 바에 따르고, 마치 외계에서 재현하기 위한 계획을 미리 짜 놓은 것처럼, 모든 심상(心像)은 그것에 관련이 있는 감정에 순응한다.

따라서 이러한 과거의 경험에 의해 부여받은 우리들의 심상 그 자체를 바꾸거나 제거하는 이외에 그에 의해서 방향을 새로이 정립한 생활이나 행동은 할 수 없다.

그림처럼 마음에 상상을 그리는 일은 최초의 인간이라고 하는 생물이 태어났을 때부터 일어나고 있는 정신작용이다.

몇만 년 동안이나 인간이 발달시킨 언어(言語)임에도 불구하고 말은 아직 자기의 감정이나, 지각하거나 마음속에 품는다거나 하는 마음의 상징에 지나지 않는다.

인간이 타인의 참다운 감정과 동기를 말을 통해 올바르게 느낄 수만 있다면 의미론(意味論)과 같은 번잡스러운 문제 따위는 일어나지 않아도 되었을 것이 틀림없다. 그것들은 인간의 언어의 다양성때문에 일어난 것이기 때문이다.

5. 제2 인격에 의한 방해

 사람이 초감각적 능력을 알기 시작하면서 그와 동시에 거기에 헷갈리기 쉬운 것이 섞여 들어오는 것을 알게 될 것이다.
 타인의 마음에서 전해져 오는 심상과 격렬한 감정이 자기의식 속에 개입해 오거나 매달리기도 하는 일이 있기 때문이다. 그러나 그러한 일이 일어나고 있다는 것을 알지 못하는 때가 많고, 그에 의해서 받은 인상을 동시 발생이라든가 우연한 일이었다고 해석을 내리는 일도 많다.
 초감각적 체험이 아주 선명하고 명백한 경우에는 설사 설명은 하지 못하더라도 보통이랄 수 없는 일이 일어났다는 것을 알 수 있다.
 정상적인 상태라면 다른 사람의 마음은 우리들의 마음과는 떨어져 있어 겹치는 일은 있을 수 없다. 인간 각자가 '전자기(電磁氣)의 방어체(防禦體)'라고 불러야 될 것에 둘러싸여 있다는 것을 발견하기까지는 나는 꽤 오랜 시간이 걸렸다.
 만약 그렇지 않았더라면 우리들의 마음은 각양 각색의 잡다한 생각이나 감정의 침입으로 끊임없이 거칠어졌을 것이 틀림없다.

질병, 격렬한 정신이나 감정의 혼란, 최면술의 암시와 억세, 알코올 또는 마취제의 사용, 정신이상 등으로 이 방어력의 장(場)을 파괴할 수가 있다.

이러한 상태가 하나 또는 그 이상 있으면 실체는 외부의 영향에 의해, 경우에 따라서는 그 독재적 지배에 의해 꼭두각시처럼 움직여지기 쉽게 되어 버린다.

어떤 사람에게는 영매적 능력이 있다——그것은 그 정신과 신체가 딴 사람 같은 상태가 되어 그 상태를 정확하게 말한다든가, 상대편 사람의 일생에 있어서의 지나가 버린 체험을 말하는 능력이나 혹은 조만간에 그 사람을 향해 오는 사건을 예언할 수도 있는 능력이다.

그와 같은 특이한 능력자가 황홀상태에서 자기의 본성과 의식을 포기하고 다른 실체라고 생각되는 것을 자기를 통하여 이야기 하게 하고, 혹은 자기의 정신과 신체를 이동시켜서 자동기술(自動記述)이나 염력(念力)의 실험, 또는 갖가지 물질화 현상을 실시할 때에는 다른 영(靈)이 빙의되거나 씌워지는 위험을 무릅쓰고 있는 것이다.

또 이와 똑같이 통상적인 경우에는 억압하고 있는 그들 자신의 성질의 일면인 '제2의 인격'이 나타나지 않는다고 단언할 수 없다.

'제2인격'과 소위 '육체를 떠난 영'의 상이점을 발견하고 구별한다는 것은 어려운 경우가 많다. 노출되어 있는 잠재의식에는 암시와 상상력이 있기 때문이다.

이런 면에서 인간의 의식의 모든 국면을 합리적이고 또한 과학적으로 연구하려고 기도했을 때에 부딪치는 심원한 신비성이 있다. 초감각으로부터 상상력을 떼어 낸다는 일은 퍽 곤란한 일이다.

상상력은 부족한 내용을 즉석에서 수놓거나 제멋대로 보충하려고 노력한다. 흔히 있는 일인데 어떤 사람으로부터 받은 어떤 인상이든 그것을 강조하려고 하면 그 경우에 대한 이미 옛날에 기억속에 들이긴 내용이 기억의 밑바닥으로부터 불러 일으켜진다.

이렇게 하여 이전에 하나의 기억으로서 비축하고 있었던 마음의 그림이 다른 사람으로부터 텔레파시로 잡은 영상과 합쳐져 버린다.

그런 채색 현상이 일어나지 않게 하고, 흘러 들어오는 인상을 자기 마음대로 색칠하는 것을 막기 위해서는 이런 것들의 침입을 미리 살펴 알아 내고 제외할 수 있는 발달된 능력이 필요하다.

마음의 끊임없는 활동은 어떤 텔레파시 능력자라도 100%의 정확성을 유지한다는 것이 가능하다고는 하더라도 그것이 곤란한 일임에는 틀림없다.

어떤 특이한 능력자가 언제나 정확한 예언을 얻을 수 있다는 주장을 들을 때마다 나는 무엇인가 술책을 쓰고 있는 것이 틀림없다고 생각하지 않을 수 없다.

과학적으로 관찰한 상대의 실험에서 나의 경우 70% 내지 90%는 정확하다고 알려져 있다.

잘못이 파고 들어 올 여지는 언제나 있다고 해도 좋다. 또 어떠한 특수 능력자라도 우연성이 작용하지 않았다는 것을 보장할 수는 없다.

경험을 쌓은 텔레파시 능력자는 시험중에 매우 뜻 깊은 정확한 사실을 되풀이 해서 맞추어 낼 수 있을지도 모른다. 그러나 심신을 피로하게 만드는 요소가 있으며, 때로는 초감각적 능력을 입증하는 힘을 손상시키는 외부로부터의 방해 요인이 나오는 일이 있다.

후에 차차 이들 상념 전달의 문제를 좀더 자세히 말해 보려고 생각하는데, 여기에서는 당면한 기본적인 것만 재음미해 두는 것만으로 만족하려고 한다.

이제까지 말한 지식을 잠재의식 속에 넣어 풍부한 정신 능력을 한층 더 효과적으로 사용할 수 있는 사고법을 시작해 보기로 하자.

제 3 장
강한 감정을 바탕으로 하여

1. 강한 감정을 바탕으로 하여

휴버트 윌킨즈 경(卿)과의 새로운 분야를 개척하는 장거리 텔레파시 실험에서 우리들은 상념(想念)과 인상(印象)의 송신과 수신을 성공시키는 근본적인 것은 인간의 감정의 강도라하였다.

내가 기록한 명확한 인상의 기록을 주의 깊게 조사한 결과, 다음과 같은 것을 알게 되었다. 내 편에서 가장 편안하게 받을 수 있고, 더구나 제일 확실한 인상을 윌킨즈씨 자신도 강하게 느끼고 있었다는 것이다.

예를 들면, 어느 날 밤 약속한 시간에 휴버트 경에 대해서 정신을 집중시키고 있었을 때, 내가 이가 몹시 아파서 짜증을 내고 있다는 것을 갑자기 알게 되었다.

그러나 실제로 이가 아팠던 것은 4천 8백 킬로미터나 떨어져 있는 윌킨즈 경의 이라는 것을 알게 된 것이다. 나는 그 때,

"오늘 당신의 이가 몹시 아팠던 것 같은 느낌이 든다……"
고 기록해 두었다.

수주일 후에 윌킨즈씨의 일기와 일지를 베껴서 대조하기 위해 보낸 보고서를 뉴욕에서 받았다. 같은 날짜의 기재 사항에 다음과 같이 기록되어 있었다.

……오늘은 이가 몹시 아팠다. 아픈 이를 고치기 위해서 에드먼튼으로 비행했다…….

또 어느 날 내 자신의 마음을 윌킨즈 경의 마음에 동조시키고 있으려니까 마치 내 머리가 무엇에 부딪친 것 같은 느낌이 들었다. 이러한 기분을 다음과 같이 적었다.
갑자기 심한 아픔이 엄습해 온다. ——다른 사람의 몸에 이상이 생긴 것을 느낄 수 있는 듯한 기분이 든다…….

이 인상도 역시 윌킨즈 경의 일기와 일지에서 몇 주일인가 후에 확인되었는데, 그것은 내가 기록한 시간과 대체로 동시에 일어난 것이었다.
그것은 그가 숙소의 부엌에 있는 뾰족한 난로 연통에 머리를 부딪친 사건이었다. 그곳의 다인과 치이즈먼도 가끔 여기에 머리를 부딪쳤다고 한다. 연통의 높이가 너무 낮았기 때문인 것 같았다.
이 어느 쪽 경우에도 강한 감정이 수반되어 있었다는 것은 분명하다. 윌킨즈 경이 나와 5개월 반이나 떨어져 있었던 사이에 이가 아팠었던 것은 단 한번뿐이었으며, 내가 바로 그의 이가 아팠던 날에 그러한 인상을 얻었으므로, 이러한 정확한 인상을 단순한 공상의 산물로 돌릴 수는 없다.
머리를 부딪쳤던 사건도 이쪽에서 그 인상을 기록했던 것과 거의 같은 시간에 단 한번밖에 일어나지 않았었다.
그리고 바로 그때 관계자 전원이 그 일에 대해서 관심을 쏟고 있었다. 그리고 상태를 남모르게 감지했고, 또 동시에 진짜와 비슷한 치통이나 머리의 혹에 대해서 알아차린 것은 나에게 있어서는 아주 흥미있는 일이었다.

정신감응을 돕는 것

사고(思考)의 배후에는 감정의 힘이 많이 작용하는 예를 우리들은 실험중에 알았다. 그러나 그 감각은 몸으로는 느끼지 못하더라도 감정에 호소하는 것이면 되었다.

윌킨즈 경이 카나다 서부에 있는 사스카체완을 향해 비행하던 중 악천후로 불시착을 하지 않으면 안되게 되었다는 인상을 받았다.

그는 하는 수 없이 레지나에 불시착했다.

나는 그것을 다음과 같이 기록했다.

그는 오늘 밤 1937년 11월 11일에 그곳에서 개최되고 있는 제1차 세계대전 휴전기념의 댄스 파아티에 초대받았다.

군복과 이브닝 드레스를 입은 수많은 남녀가 참석하고 있다.……그리고 '바로 윌킨즈 경도 야회복을 입고 있는 것 같았다.'

이 무렵은 윌킨즈 경에게 있어서는 어느 쪽이냐 하면 드물게도 감정에 의해 움직이기 쉬운 때였다. 그리고 수주일 후에는 뉴욕에서 받은 그의 일기와 일지로부터의 보고서도 정말 불시착을 했고, 그 날 밤에 개최중인 휴전기념 무도회에 초대를 받았던 것이 확인되었다.

이러한 일들은 그의 일정표에는 없었던 것이었다. 그리고 나의 마음으로 미리 포착하고 싶어도 포착할 수가 없는 일인데, 그것을 알게 된 것이다.

이런 일련의 예에서 얼마나 감정과 감동이 송신과 수신의 양편에 직접 관련되고 있었던가 하는 것을 알 수 있다.

　실험을 끝내고 기록 사항을 철저하게 감정하고 평가했을 때, 휴버트 경과 나는 공통의 견해로서 다음과 같이 발표했다.

　자기 몸에 일어나는 일에 대해서 반응하는 인간 감정의 강도는 사고(思考)의 파동이라든가 그 방출되는 자극의 강도를 결정한다는 것이었다.

　이러한 문제에 대해서 행한 많은 강연에서 나는 다음과 같은 이야기를 꺼내고 그 요점을 밝히기로 하고 있다.

　"만일 내가 이 방에서 나간 후에 마음의 파장을 여기에 계시는 여러분 중 한 사람의 마음에 맞추어, 그 사람이 내가 있지 않는 곳에서, 하고 있는 일을 맞출려고 한다면, 그것이 가령 담배 한 대를 꺼내어 불을 붙일 뿐인 동작이라도 나는 정확한 인상을 얻는데 퍽 고생할 것입니다. 그러나 이쪽에서 마음을 쏟고 있는 사람이 불을 붙이는 동작을 함과 동시에 성냥갑이 갑자기 손바닥 안에서 폭발하여 심한 화상을 입었다고 한다면, 통증이나 그 사고의 격렬한 심상(心像)이 당장에 흩날리기 시작하므로, 이러한 감정이 응고 압축되었을 경우에는 명확한 인상이 전달되므로 그것을 놓칠 리가 없습니다."

감정적인 요소가 결여된 실험

　감정적인 요소가 결여되어 있으므로 나는 ESP카아드의 실험에서 아직 한 번도 계속하여 높은 점수를 얻은 적이 없다.

　그러나, 세계적으로 유명한 선구자인 듀우크 대학의 J·

B·라인 박사는 이 ESP카아드를 사용한 수많은 정량시험(定量試驗)으로 초감각적 지각이 틀림없이 존재하고 있음을 증명했다.

내 생각으로는 라인 박사는 텔레파시를 될 수 있는 대로 어려운 방법으로 실증했던 것이다.

나는 십자가나 원, 사각형, 별모양 또는 물결형의 선의 인상 등을 맞추는 따위의 문제로 해서 흥분하지는 않는다. 그러나 과거나 현재 또는 미래에 대해서 인간이 체험한 인상을 맞추는 시험에는 곧 흥분하고 만다.

윌킨즈 경과 나는 3천 2백 킬로미터 이상이나 떨어져 있었던 때에 일조(一組)의 ESP카아드 기호 전부를 투시하는 실험을 몇 차례 해 보았는데 시차의 조정이 어려웠다.

예를 들면, 어떤 때에 4매가 이어진 카아드인 듯한 인상을 포착했는데 시차대로의 늦음을 나타내고 있었다.──1매의 카아트는 시간에 너무 지나치게 늦었다.──설사 결과는 우연의 영향을 받지 않았다 하더라도 이 실험들은 결정적인 것은 아니었다.

카아드 기호를 시각에 의해서 송달하는 배후에서, 보내는 사람이 본래의 감정을 그다지 격렬하게 하지 않았기 때문에 이 인상을 얻고 싶다고 하는 희망과 열의를 마음 속에서 감정적으로 높이는 것은 받는 사람의 임무라는 것이 이 실험을 통하여 알게 되었다.

강력한 라디오 수신기는 약한 방송국의 전파를 끌어 들인다. 반대로 강력한 전파는 약한 라디오에도 잘 들릴 수 있다고 추론된다. 그러나 동력은 물리적으로 만들어지지만, 체험적인 뒷받침이 없으면 인간인 특수 능력자라 할지라도 제멋대로 감정을 낳지는 못한다.

카아드로 신경을 흥분시키기는 어려우나 감정적인 충격을 남긴 그 날의 눈에 띄는 사건을 찾아서 마음을 편안하게 하고 심상의 형태로 돌이켜 보는 것은 쉬운 일이라고 윌킨즈 경도 말하고 있다.

여기에 내가 기록해 두었던 하나의 사실이 있다.

한 마리의 개가 알라스카주 근처의 아크라비에서 부상을 입은 듯하다. 틀림없이 총에 맞은 것 같기도 하고, 혹은 다른 개와 싸워서 상처를 입었거나, 무엇이 위에서 떨어졌기 때문일까? 정말 맹렬한 느낌이 전달되어 왔다……

이 인상을 확인하기 위해서 1938년 1월 27일의 윌킨즈 경의 일기를 찾아 본 결과 다음과 같이 기록하고 있다.

바깥을 거닐다 얼음 위에 개가 죽어 있는 것을 발견하다. ──머리에 총알을 맞고 죽어 있었다. 그 일을 잠시 생각했다. ──어째서 죽였을까 하고 생각해 보았다.

윌킨즈 경 자신의 이야기에 의하면 이 작은 사건은 그의 마음에 큰 충격을 주었다. 그래서 그것이 그대로 나의 인상으로 전달되어 온 것이다.

윌킨즈 경에 정신을 집중하고 있었을 때에는 어느 날 밤에나 일어날 수 있는 심상과 감정은 무엇이든 받아 들일 수 있게끔 되어 있었다.

그런 때에는 카아드의 실험에서 하는 것처럼 어느 쪽의 부호가 나타나는 것일까 하고 그것을 알려고 노력할 필요가 없었다.

어떤 때에도 윌킨즈 경의 신상에 일어나는 각양 각색의 체험 사이에는 이렇다 할 관련같은 것은 없었다. 그러나 카아드에 대한 한정된 범위의 가능성은 알고 있었다.
 그래서 마음껏 공상을 하여 이 부호의 예비지식에 의해서 수신되는 인상이 방해를 받지 않게 한다는 것은 퍽 어려운 일이었다.
 나는 이전에 캐나다나 알래스카에 간 일도 없었고, 아직 한 번도 지리학에 깊은 흥미를 가져 본 일이 없기 때문에 이 지역에 대해서는 거의 아는 바가 없었다. 더구나 나 스스로 그것으로 족하다고 생각하고 있다.
 나의 경험으로는 어떤 사람의 이력을 알지 못하면 알지 못할수록 자기가 받은 인상은 채색되지 않고 확실했었다. 틀림없이 다른 연구가 내 경우와 같은 경험을 갖고 있으리라고 믿는다.

인간 감정의 신비성

 인간의 감정이라고 하는 것은 본질적으로 위대하고 신비한 것이다.
 감정은 의식과 아주 비슷해서 의식도 또한 위대한 신비성을 지니고 있다. 감정은 정신세계에 속하며, 육체의 소유물은 아니라고 나는 확신하고 있다.
 최면에 걸려 있을 동안에는 팔이나 다리의 감각이 조금도 없다고 하며, 그리고 의식을 회복한 후 핀이나 나이프로 살갗을 찔러도 통증을 전혀 느끼지 않는다.
 만약 감정이 몸의 세포에 종속된 것이라면 어떤 종류의 최면의 영향으로서도 그것을 제거할 수는 없을 것이다.
 그렇다면 감정이란, 이들 세포에 관계는 하지만 정신에 의해서만 알 수 있는 무엇임에 틀림없다.

물론 우리들은 신경의 망상조직(網狀組織)이 여러 감각을 신경 충동의 형태로 끊임없이 두뇌에 전달하고 있는 것을 알고 있다. 그러나 이들 충동을 감정의 면에서 해석하는 것은 정신인 것이다. 사람은 감정이 없다면 의식할 수 없다.

마취제는 신경의 충동을 중단시킨다. 그렇기 때문에 정신은 신체와의 통신에 관한 접촉으로부터 일시적으로 단절된다.

그러나 정신은 감정을 나타내기 위해서 신체가 필요하지만, 신체는 정신이 없이는 느낄수 없다. 인간은 상호간의 감정을 알기 쉽게 전할 수 있도록 언어를 발달시켰는데, 말은 감정의 상징에 지나지 않는다.

말의 뜻에는 타인의 감정을 자극하는 암시력이 있는 경우가 많은데, 말은 본래 그 자체의 감정을 갖고 있지 않다. 이러한 이유로 특수 능력자가 말이나 숫자를 써서 특별한 인상을 받는 것은 한층 곤란한 일이다.

타인의 감정을 포착하고, 그리고 말하는 사람이 갖고 있는 용어의 범위에서 이런 감정을 나타내는 특징을 찾아 내는 편이 훨씬 편하다.

감정의 수준에서 타인의 마음과 접촉하는 것이므로, 뛰어난 특수 능력이 있다면 구태어 상대방의 언어에 정통해 있을 필요는 없다.

우주에 존재하는 것은 모두 다 진동의 속도와 특질을 갖고 있다고 과학자들은 말한다. 이처럼 감정 속에도 하나의 신비스런 면이 포함되어 있다.

예를 들면 물체이든 인간의 몸에 붙어 있던 의복의 일부이든, 또는 편지나 한 개의 보석, 혹은 무엇인가 다른 개인적인 소유물 또는 고고학상의 발견물조차도 무엇인가의 진동하는 특질을 내포하고 있다는 것이 증명되었다.

수위 물체 투시법을 사용하고 있는 특수 능력자는, 이 특성을 감정의 입장에서 해석하고, 그가 손을 대는 물건은 모두 옛날에 관계가 있었던 사건이나 경험을 말할 수가 있다.

감정이란 동일화 하고 재현하는 힘을 가진 의식으로부터의 방사물(放射物)로서, 그 물건과 관련된 일체의 내용을 그 위에 기록할 수가 있는 것 같다.

이렇게 하여 감수성이 예민한 사람이 어떤 물체에 손을 대고 그 물건으로부터 강하면서도 정확한 인상을 얻을 수도 있는 일이다.

2. 소지품으로 과거를 안다

    나에게는 투시(透視)에 의한 희귀한 체험이란 그다지 없었다. 그런데 최근 유명한 내과 의사이며 정신의학자이기도 한 W박사로부터 일련의 실험을 맡아 달라는 요청을 받았다.
    박사는 자택에서의 만찬회에 나를 초대해 주었는데, 나는 1시간 앞서 그 댁을 방문했다.
    그랬더니 박사는 나에게 아무런 예고도 없이 투시력을 한번 시험해 줄 수 없겠느냐고 말하는 것이었다.
    나는 나 자신이 투시 능력자라고 생각하고 있지는 않으나 될 수 있는 대로 노력해 보겠다고 대답했다.
    그러자 박사는 '이것은 편지입니다만' 하면서 접어 두었던 한 장의 편지를 내어 밀었다.
    "이에 대해서 어떤 느낌이 드는지 말씀을 들어보고 싶습니다."
    라고 말했다.
    나는 그 종이를 양쪽 손바닥으로 눌렀다. 그리고 심신을 느슨하게 하고, 그때부터 약 1분 정도가 지난 후에 다음과 같이 말했다.
    "이 편지를 쓴 남자는 정신문제에 깊은 흥미를 갖고 있습니다. 그러한 사람의 의식을 느낍니다. 나이가 많으시고 외국에 살고 계시며, 당신이 행한 어떤 일에 관심을 갖고 있는 것 같은 생각이 듭니다. 이 분은 자기의 연구로 세계적 논쟁을 불러일으킨 사람이며, 또 이러쿵저러쿵 말을 많이 듣고 있는 사람이라고 생각됩니다. 몇 천이나 되는 정신적이며 또 감상적인 개인의 기록에 흥미를 갖고 계시는 분이 아닌가 하는 생각이 듭니다."

W박사는 잠시 말 참견을 하면서,

"그것 참 재미있군요. 도대체 이 사람은 누구인지, 어떤 인상을 받으셨습니까?"

라고 말한다.

나는 그 순간 약간 주춤하지 않을 수가 없었다. 그리고 나서 떠 오르는 생각을 그대로 이야기해 보았다.

"이 사람은…… 카알 융(스위스의 정신분석학자)?"

해답을 알기 위해서 개봉하여 읽어 보십시오, 라고 W박사가 말했다. 그래서 그 편지를 뜯어 보았더니 그것은 틀림없는 유명한 카알 융 박사가 그에게 써 보낸 편지였으며, W박사가 융의 한 저서를 읽고 그에 대해서 논평을 한데 대한 감사의 뜻을 적어 보낸 것이었다.

이윽고 W박사는 '한 장의 사진입니다'만 하면서 두꺼운 봉투 속에 들어 있는 두번째의 물건을 건네 주었다.

그 물건을 두 손으로 받아 들고 두꺼운 봉투를 만져 보았다. 격렬한 감정적 동요를 느낄 수 있었다. ── 이 사진에 찍힌 사람은 몹시 심한 고문을 당한 후 불태워서 죽인다고 하는 협박을 견디고 이겨 낸 일이 있을지도 모른다는 느낌이 든다고 곧 말해 주었다.

이 분은 숭고한 정신을 갖고 있는 것으로 생각되는데, 시련을 겪었다는 지배적인 인상이 너무 강하여 그 밖의 무엇인가를 느낀다는 것은 어려운 일이라고 말했다.
"그 사람이 누구인지 말할 수 있겠습니까?"
하고 W박사가 물어왔다. 나는 잠시 생각했다.
"어려운 이름인데요."
라고 나는 대답했다. 그리고 난 후 마음 속에 무엇인가 소리가 들린 것같이 생각되었는데 이름은 전혀 분간이 가지 않았다. 나는 '에스'의 발음과 '스키'라는 인상을 전했다.
"그것 정말 아주 재미있군요."
라고 W박사는 말했다.
이번에는 내가 갖고 있던 그 봉투를 받아 들고 그 안에서 사진을 꺼냈다.
그것은 폴란드 공산당 정부에 1956년 10월 이전에 수년간 보호 감금을 받고 있던 폴란드의 추기경 스테판 위진스키의 사진이었다.
W박사는 다음에 금속이 한 개 들어 있다고 하면서 또 다른 두꺼운 봉투를 건네 주었다. 이 물건을 두 손으로 약간 쥐었더니 마음이 시간을 거슬러 올라가는 것처럼 생각되었다.
"이것은 무엇인가 목걸이 같은 것 —— 벽에 걸기 위해서가 아니라 —— 개인적이고 영예를 표시하는 물건이군요!"
W박사는,
"그렇습니다."
라고 말한다. 그리고 나는 이어서,
"이 금속반의 소유자는 훨씬 옛날에 죽은 것같이 생각되는데 훈작(勳爵)은 횃불처럼 한 세대에서 다음 세대로 계속 전달된 것 같은 느낌이 듭니다."
라고 말했다.
그리고 그 훈공은 희생이나 자칫하면 생명의 위험까지도

수반했던 것 같은 생각이 든다고 말했다.

　이 금속제의 얇은 판은 일반적으로 인정을 받으려는 목적으로 증여된 것이 아니라고 느꼈다. 이 공적은 세상에 알려진다든가 신문에 대서특필하여 유명해지기 위해서 성취한 것은 아니다.

　그것은 대단히 드물게 보는 개인적인 것이라는 점을 제외하고는 그 이상은 알 수 없었다.

　봉투를 W박사에게 돌려 주자, 한 개의 금속을 꺼내어 보여 주었는데, 그것은 길이가 15센티, 폭이 10센티 정도로, 17세기경 옛날 폴란드의 나이트(왕실이나 국가에 대한 공로로 수여하는 1대에 한한 훈작)가 목에 거는 얇은 달걀형의 메달이었다. 한쪽에는 십자가 위에 매달린 그리스도, 또 한쪽에는 마돈나(성모 마리아)의 얼굴이 에나멜로 새겨 있었다. 이 원판 모양의 물건은 폴란드에서 받은 것인데, 참으로 보기 드문 것이었고, 훈작사단(勳爵士團)의 기사들은 공헌의 전통을 자기 가계(家系)에 대대로 계승시켰다고 W박사는 말했다.

　나의 투시실험에 박사가 사용한 것은 모두가 격렬한 감정의 활동과 관련하고 있었다는 데에 주목해 주기 바란다.

　다음 실험으로 옮길 때마다 마음을 조정할 수 있는 여유를 거의 주지 않았는데, 하나의 접촉에서 다른 것에로 실험을 바꿀 때는 마음에 남아 있는 '자기(磁氣)를 제거하는 일'이 필요했다.

　다음 물건에 마음을 집중시키려고 하는 사이에 첫번째의 물건에 덮여 있던 인상으로 방해를 받지 않도록 하기 위해서이다.

　만약 여러분이 초감각적 지각을 연구하고 있다면, 예의 편지나 사진, 금속의 원판에 관한 이 지식을 W박사가 완전히 자기 마음에 새겨 놓고 있을 것이므로, 나는 투시능력 대신에 정신감응을 할 수가 있지 않았는가 하고 지적하실지도 모른다.

이들 두 개의 초감각적인 면이 하나로 맞추어신 일이 없있다고는 할 수 없다. 그러나 이러한 인상 중에서 텔레파시로서는 설명할 수 없는 예가 수년 전에 있었다.

3. 가출 소년의 이야기

　우리들은 당시 아칸소주와 미조리주에 걸쳐잇슨 구릉지대인 오더크스의 시골집에 있었다. 텍사스에 있는 어떤 남자로부터 소포가 속달로 배달되어 왔다.
　실종한 10대 소년인 아들이 있는 곳을 확인하려고 하는데 힘이 되어 달라는 의뢰였다.
　소년이 가출하기 직전에 신고 있었던 한 켤레의 낡은 양말이 그 소포에 들어 있었다. 이 사람은 친구인 토머스 개러트 박사에게서 나를 소개받았다는 것이었다.
　내가 그 아들의 빨지 않은 의류 한 가지를 손에 쥐고 그것에 정신을 집중시키면 소년의 신변에 일어난 일이나, 어디에서 찾아 낼 수 있을지도 모른다는 뜻을 박사가 넌즈시 비추었기 때문이었다.
　나는 결코 이런 종류의 의뢰를 연구 목적으로 선택하지 않지만, 친구의 추천을 받은 곤경에 빠져 있는 사람들로부터 의뢰가 있을 때에는 미력하나마 최선을 다해보기로 하고 있다.
　이 경우에는 나는 마음에 여유가 생길 때까지 기다린다. 다음에 집에서 약 30미터쯤 떨어진 개인 연구실에 양말을 갖고 가서, 조용히 앉아 두 손으로 양말을 주무르고 이 소년의 가출 원인이 무엇인가를 암시하도록 자문했다.
 인상이 나오기까지는 10분 내지 15분쯤 걸렸다. 그리고서 갑자기 그 소년 자신에 접한 것과 같은 느낌이 들기 시작했다.
 어떤 여학생을 좋아했었다. 그런데 상대가 그를 버리고 연상의 연인을 다시 사귄 것을 나는 알아차리게 되었다.
 애인에게 차였기 때문에 마음에 깊은 상처를 입었을 뿐만 아니라, 또 이 좁은 도시에서 동급생이 그를 놀려대고 있다는 것을 나에게는 잘 알 수 있었다.
 이러 저러한 일이 있었다고 부모에게 사실을 고백하자 부모는, '별일도 아니군!' 하고 마음에 두지도 않았다. 그리고 아버지는 웃으면서,
 "얘, 그런 일은 잊어 버리도록 해라! 어차피 하찮은 첫사랑이 아니냐. 이제 얼마간 지나면 잊게 된다."
 고 말하고 있는 것이 들려 왔다.
 그러나 내가 느낀 바로서 소년은 이 연애를 대단히 진지하게 생각하고 있었다. 그리고 가정에 있어서의 동정이 없었던 것이 가출을 하게 된 하나의 원인이 되었다.
 나는 소년의 행방에 대한 단서를 얻으려고 했으나 마음 속은 텅비어 있었다. 단지 여기저기 돌아다니는 것 같은 느낌이 들었다.── 한 곳에 오래 머물러 있지 않는 것이었다.──그러나 나에게는 그 소년이 있는 곳은 한 곳도 떠 오르지 않았다. 그렇지만 소년은 산란한 마음을 안정시키고 슬픔으로부터 혼자 벗어나고 싶었으리라고 생각했다.
 나는 부친에게 편지를 써 보내면서 그 안에 그 인상을 말하고, 좀더 명확한 정보를 전해 주지 못해 유감스럽다는 뜻을 전했다.

아들이 가출하고 나서 수주일이나 지났고, 경찰과 FBI가 수색하고 있는 중입니다, 라고 부친은 편지에 쓰고 있었다.

그들의 방법도 나의 경우와 마찬가지로 잘 진행되지 않는다는 것은 분명했다. 그런데 놀란 것은 우리들이 이 농장주와 그의 아내와 그리고 딸의 방문을 받은 것이다.

이쪽 편지를 받자 즉시 우리들이 사는 오더스의 집을 향해 차로 출발했다는 것이다. 그는 나에게 이렇게 말했다.

"셔어먼씨! 저의 아들의 연애 이야기와 우리들이 취한 태도는 정말 말씀하신 그대로입니다. 자식놈이 얼마나 슬퍼하고 있었던가를 전혀 몰랐었습니다."

"경찰은 우리 집 트럭이 달라스시의 어떤 길가에 버려져 있는 것을 발견했습니다. 그 후의 종적에 대해서는 전혀 실마리조차 잡지 못하고 있습니다. 나는 자살이나 하지 않았으면 좋겠다고 그것만을 바라고 있습니다. 이렇게 우리들이 이곳을 일부러 찾아온 것은 당신이 이제까지의 일의 진상을 정말 정확하게 맞추어 주셨으므로, 어쨌든 무엇인가 정보를 입수하게 해 주시지 않을까 하는 생각이 들어서입니다. 저의 자식놈이 좋은 옷으로 갈아 입었을 때 입었던 샤쓰를 가지고 왔습니다. 여기에 사진도 있습니다. 몇 장이나 복사해서 신문사와 경찰에 우송했습니다만, 아직까지는 아무런 쓸모도 없습니다."

나는 사진을 집어들고 꼼짝 않고 바라다보았다. 더러워진 샤쓰를 손에 쥐고 먼 허공을 노려보았다.

아버지와 그리고 부인과 딸이 희망에 찬 눈을 빛내며 주목하고 있는 것을 느꼈다. 마음 편한 입장은 아니었다. 참다운 인상은 말로 표현하기 전에 감지되는 법이다.

기쁜 소식을 받거나, 만사가 뜻대로 되어 간다거나, 순조

제3장 강한 감정을 바탕으로 하여 77

롭게 해결을 향하고 있으니까 걱정할 것 없다고 단언해 주기 바란다고 하는 가족들의 기원은 누구나 다 느낄 수 있었다.

그런 것보도 마음의 통로를 열어 놓고 싶다면 자기를 확고부동하게 지키고 정에 흔들리지 않고, 공평무사한 태도를 유지하지 않으면 안된다.

나는 이야기를 하기 전에 조금 시간을 끌고 난 후에 다음과 같이 말했다.

"아드님은 틀림없이 살아 있으리라고 생각됩니다. 목숨을 한 번은 버리려고 생각했었습니다. 그러나 그 생각은 이미 버리고 말았습니다. 그 대신 이름을 바꾸어 자기가 누구인지 모르게 하고 있습니다. 이리저리 전전하면서 잡일을 해서 몇 푼의 돈을 손에 넣고 있습니다. 텍사스의 휴스턴인 듯한 곳의 드라이브인(차를 타고 식사나 영화등을 볼 수 있는 곳)에서 접시닦이를 하고 있는 것이 보입니다. 드라이브인의 이름은 아무래도 맥스 드라이브인(진짜 이름은 아니다)인 것 같습니다."

부친은 나의 이야기를 중단시키고,

"그것으로 충분합니다. 셔어먼씨, 즉각 휴스턴을 향해서 출발하겠습니다. 뒤쫓아 오는 것을 자식놈이 조금이라도 눈치 챘다면 또 어디론가 사라져 버리고 말 것 같습니다."

내가 자기 멋대로 내린 판단때문에 아니해도 될 고생을 하지 말라고 권했음에도 불구하고 부친과 모친 그리고 따님은 교대로 차를 운전할 작정으로 휴스턴을 향해서 출발했다.

언제나 마찬가지로 그들이 떠나고 난 후에 의혹의 혼란 속에 괴롭힘을 당했다. 현재의 후회막급이었다.

목표도 없는 추적이 될 것 같은 일에 그렇게 사람 좋은 사람들을 쫓아 보낸 것 같은 꼴이 되었으므로 한심스럽게도 생각되었다.

　그런데 사흘 후에 부친으로부터 소식을 전해 와 한시름 놓을 수 있었다. 그의 편지를 읽고 사실 믿을 수가 없을 정도였다.

　휴스톤에 도착한 후 곧 내가 말한 것과 똑같은 이름으로 명부에 나와 있는 드라이브인을 발견하여 그 집 주인과 면회하고 아들의 사진을 보였다고 한다.

　주인은 그 사진의 인물을 알겠다고 인정했을 뿐만 아니라, 조리실의 여러 사람들을 불러서 그 사진을 보였다.

　그러자 그들은 요 며칠 동안 같이 일을 했었는데, 엊그제 그만둔 소년을 닮았다고 말했다.

　"그런데 또 막다른 골목에 부딪치고 말았습니다. 지금 이 지점에서 어디로 갔는지 인상을 받을 수 없을까요?"

　라고 씌어 있었다.

　나는 이 질문에 대해서 잠시 동안 생각했더니 시간이 앞질러 나아가 마음에 비치는 것 같은 기분이 들었다. 그리고 의자에 앉아 부친에게 다음과 같이 써서 보냈다.

　"참으로 딱한 일이라고 생각합니다. 크리스마스 휴가도 가까와집니다만, 저의 느낌으로 말씀드리자면, 경찰도 당신들도 아드님이 있는 곳을 찾아 내지 못할 것입니다. 그렇지만 아드님은 자기 스스로 새로운 근거지를 발견하고 있으며, 결국은 자기 의지로 집에 돌아올 결심을 하게 되리라고 생각되므로 걱정하실 필요가 없으리라고 생각됩니다. 내년 4월까지 기다리면 반드시 집에 돌아와서 해군에 입대한 일이라든가 다시 근무하게 된다고 하는 이야기를 하리라고 생각됩니다."

　그로부터 몇개월인가 지나고 나는 그 사건을 거의 잊어버리고 있었다.

어느 날 그 부친이 보낸 속달편지가 배달되었다. 예언한 대로 아들이 심신이 모두 건강하게 되어 집에 돌아왔으며, 해군에 입대했다는 것도 몹시 기쁜듯 감사하면서 알려 왔다.

무진에게는 전혀 심삭 가는 곳이 없는 소년의 인상을 받은 한 예를 소개한 셈인데, 소년의 샤쓰와 양말에 손을 대고, 혹은 미시건주의 트래버즈시에서 친구와 처음으로 실시한 텔레파시 실험을 생각해 내고, 소년의 사진을 바라보았던 일이 얼마나 중요했는지 모른다.

예지(豫知)와 함께 텔레파시나 정신감응까지 이들 인상의 한 부분을 담당한 것이라고 생각된다. 봄까지는 집에 돌아가지 않고, 해군에 입대하리라는 결심을 그 아드님은 이미 하고 있었던 것일까?

그런 일까지는 결정하고 있지 않았다거나 또는 그런 생각을 품은 일조차 없었다고 한다면, 이것은 분명히 미래를 예지한 한 예임에 틀림없다.

아들의 감정이 혼란을 일으키고 따라서 격렬한 감정을 내뿜고 있었다는 것은 의심할 여지가 없다.

나는 이것이 상념의 전달에 대한 나 자신의 증거라고 생각한다. 그런데 마음이 어떻게 해서 미래에 투영(投影)되어 언제인가 사람에게 닥쳐올 일을 알 수 있는가 하는 것은 아직 알지 못하고 있었다.

감정은 어떤 방법으로든 사람들이 입었던 의복뿐만이 아니라 방이라든가 그 장소의 그 분위기까지도 어떤 진동을 일으키게 하는 것 같다.

소위 유령이 나오는 집, 뚜렷하게 눈에 비치는 망령의 출현, 그리고 몇 날 몇 달 혹은 몇 년이나 이전에 실제로 벌어졌던 광경이 눈 앞에 재현되었다는 개인 기록은 헤아릴 수 없을 정도로 많이 있다. 다시 한번 우리들은 불가해한 신비에 부딪치게 된다.

4. 유령이 유령을 죽이다

 최초의 여성 교향악단 지휘자의 한 사람인 리브스 여사의 개인적인 이야기가 지금 생각난다. 어느 날 밤 그녀는 애트랜틱시에서 실제로 체험한 소름 끼치는 이야기를 나에게 들려주었다.
 리브스 여사는 연주회의 지휘를 하기 위해서 그곳에 도착했다. 그런데 어떤 제2협의회 때문에 호텔 방은 전부 다른 손님이 들어서 빈 방이라곤 하나도 없었다. 무엇인가 착오가 생겨서 자기 자신이 예약한 방도 다른 사람에게 할당되어 있었다.
 호텔 지배인은 백배 사죄하고, 정원이 바라보이는 베란다가 달린 1층 침실을 그녀에게 대신 주었는데, 지배인의 말로는 그 방은 지금까지 거의 사용한 일이 없다는 것이었다.
 원래는 식당 급사와 호텔의 다른 종업원이 사용하고 있었던 방이었다.
 리브스 여사는 앞에서 말한 바와 같은 사정이었기 때문에 어떤 방이라도 좋다고 감사하면서 들었다. 그리고 심신이 몹시 피곤할 정도로 연습을 하고 나서 늦게 돌아와 잠자리에 들어가 곧 잠들어 버렸다.
 구식인 네 기둥식 침대, 거울과 세면대가 달린 육중한 화장대, 장롱, 레일을 깐 마루, 밖으로 열리게 되어 있는 여닫이 문 등이 있다는 것 정도 밖에는 방 안에 거의 주의를 기울이지 않았다. 방은 평소에 쓰지 않았던 때문인지 약간 곰팡이 냄새가 났다.

얼마쯤 잤는지 리브스 여사는 누군가가 방 안에 자기와 함께 있는 것 같은 어쩐지 무시무시한 기분이 들어 갑자기 잠에서 깨어났다. 일어나서 주위를 둘러보았다.

장롱 앞에 야회복을 입은 사나이가 서서 칼라와 넥타이를 끌르고 있는 것이었다. 그와 거의 동시에 달빛으로 그녀는 마루 위에 움직이고 있는 것을 보았다. 그리고 남몰래 살금살금 레일 위를 기어다니는 모습이 보였으며, 조금도 소리를 내지 않고 여닫이 문을 밀어서 여는 것을 보았다.

공포에 질려 몸을 움직일 수도 없게 된 리브스 여사는 이 침입자가 야회복을 입은 사나이의 등뒤로 소리도 내지 않고 다가서는 것을 지켜 보았다.

이때 야회복을 입은 사나이가 뒤돌아 보고 습격해 오는 자를 보았는데 이미 때는 늦었었다. 자기 몸을 지킬 틈도 없이 무참히도 몇 번인가 칼에 찔렸다.

습격해 온 상대와 격투를 벌였지만, 상대편은 그를 뿌리치고 침입해 온 곳으로 마루를 넘어 도망쳐 버렸다. 야회복의 사나이가 비틀거리다가 방바닥에 넘어진 순간 리브스 여사는 비명을 질렀다.

호텔 안은 금새 발칵 뒤집어졌다. 야근하는 사무원이 문 앞으로 달려오자, 리브스 여사는 거의 광란상태로 그때 일어났던 일을 미친 듯 소리질렀다.

"아닙니다. 설마——이제는 없을 것입니다!"

라고 그 종업원이 말하고,

"대단히 죄송합니다. 아주머니——이 방을 드리지 않았더라면 좋았을 텐데, 그런 일이 실제로 있고 난 뒤부터 이 살인을 목격한 사람은 부인까지 세사람째입니다."
"무엇이라고요?——실세도 있있틴 일이라니요?"
하고 리브스 여사는 되물었다.
"바로 지금이요! 오늘 밤이란 말이요! 빨리 경찰을 불러 주세요. 저분이 죽었습니다. 정말이란 말이예요. 살해당하는 것을 봤단 말이예요!"
"아닙니다. 마나님, 거기에는 아무도 없습니다. 지금 이 방에는 아무도 없지 않습니까?"
라고 야근담당 종업원은 안심하라고 말했다. 리브스 여사는 몸을 돌려 방안을 둘러보았다. 방바닥에는 시체가 보이지 않았고, 여닫이 문도 닫힌 채였다.
"그래도 난 정말 모르겠는데요."
"저도 잘 모르겠습니다."
라고 사무원은 말했다.
"1년 쯤 전의 일입니다만, 식당 급사가 이 방을 사용하고 있었습니다. 어느 날 밤에 그가 잠자리에 들려고 저 장롱 정면에 서 있으려니까 도둑이 마루쪽에서 기어 올라왔습니다. 급사는 그 도둑과 격투를 한 것 같은데 찔려 죽고 말았습니다. 그 이후부터는 이 방을 손님께 드릴 때마다 손님께서 잠이 깨어 지금과 같은 살인 장면이 재연되는 것을 보았다고 말씀하십니다. 이 방에서 손님을 쉬게 하는 것은 이번이 마지막이 될 것 같습니다."
이 소름 끼치는 체험을 리스브 여사가 나에게 말해 준 것은 그런 일이 있고 난 수년 후의 일이었는데, 여사는 그때의 기억을 되새기면서 아직도 감정적으로 흥분하고 있었다. 그리고 이것을 어떻게 설명할 수 있겠느냐고 묻는 것이었다. 그러나 나 자신도 알 수 없는 일이었다.

비슷한 체험담이라면 얼마든지 있고, 너무 숫자가 많아서 망상이라든가 환각 또는 무서운 상상의 결과라고는 말할 수 없다, 라고 솔직하게 고백할 수 밖에 없었다.

그 유령을 본 사람들은 예의 범죄나 비극적 사건에 대해서는 무엇 하나 아는 바가 없었던 것이다.

지금까지로서는, 우리들이 이해할 수 없는 방법으로 이 격렬하게 감정을 일으키게 한 사건을 폭력행위에 의해 방출된 상념이 어떤 형태로서 마치 일종의 합성된 생명과 그 자신의 형(型)으로 존속하고 있다고나 할까.

사람들이 이 분위기에 젖어 잠들고 그 의식이 공백이 되면 그들의 초감각적인 힘이 주위의 진동으로 활동적이 되어 단일 상대와 파장이 맞아 버리면, 이들 진동력이 그 사람들을 일깨우게 된다.

그러면 그들은 거의 최면술에 걸린 것처럼 그 초자연적인 연극이 끝날 때까지 응시한 채로 꼼짝 할 수도 없게 되는 것이다.

격렬한 감정이 이 사건과 관련하고 있다는 것은 다시 한번 주의해서 볼 가치가 있다. 방이나 건물 같은 바로 그 현장이 헐리고 크게 환경이 바뀌거나 완전히 철거하여 새롭게 되면 이런 현상이 사라진다고 하는 사실은, 방이나 그 현장의 분위기에 있는 어떤 초상적(超常的)인 상태가 특별한 변화가 없이는 내내 남아 있었지 않았나 하고 생각된다.

원래의 사건이 재연되기 시작하고, 거기에 존재하고 있었던 힘은 건물이 헐리는 것과 동시에 사라져 버리고 파괴되거나 연관성이 떨어져 분리되는 것이 아닐까.

이상과 같은 실례에서 본다면 감정은 어떤 힘이며, 에너지라고 할 수 있을 것이다. 그것을 지성으로 지배하면 사람에게 유용한 힘이 되지만, 그렇지 못될 경우에는 대단한 피해도 받을 수 있다.

우리들의 하나 하나의 생각에는 감정이 결부되어 있으며, 감정의 작용에 의하지 않고서는 모든 현상이 포착되지 않으므로 바람직하지 못한 나쁜 영향으로부터 우리를 지키는 유일한 방법은 그것들을 지배하고 지시할 수 있는 능력을 발달시키는 일이다.

과학자는 가지각색의 화학약품이나 약물, 전격적 혹은 최면적 수단으로 감정을 자극하고 뇌를 흥분시키는 실험을 하고 있다.

예를 들면, 정신과 감정의 반응을 조사할 뿐만 아니라, 정신적 치료를 하는 한 수단으로 리제르긴산(酸)의 주사를 놓고 있다.

때로는 육체를 떠나 과거의 사람들과 통신을 하고 있는 것 같은 느낌이 들거나, 태내로 되돌아 가서 그때까지의 인생경험을 다시 체험했다든가, 단세포상(單細胞狀)의 생명의 일부인 창조의 초기로 되돌아 갔다든가, 혹은 우주의 원자구조를 감지할 수 있었다든가, 우주의 광대함을 이해할 수 있다든가, 더없이 멋있는 성적 체험의 황홀상태가 된다든가, 지옥의 밑바닥을 구경한다든가, 기괴한 창조물을 바라볼 수가 있게 된다든가 또는 인간계의 스펙트르(빛이 프리즘으로 분산했을 때 나타난다)를 초월한 색채의 조합을 본 것 같은 기분이 든다든가 하는 따위의 환자가 광범위한 환각적 체험을 했다고 말하고 있다.

현실에서 도피하는 수단이 되기도 하고, 또 마음의 창조성을 촉진하는 것 같기도 하여, 이와 같은 체험을 되풀이 하고 싶다고 원하는 자가 많다.

그러나 현단계에 있어서의 이 실험에서는 생리학상이나 심리학상의 이면의 진실이나 치료상의 효과가 모두 다 알려져 있다고는 할 수 없다.

강렬한 심령적·정신적·감정적 반응을 일으키는 어떤 버섯을 먹어 보면 얼마 쯤은 비슷한 효과가 실제로 느껴진다.

멕시코 등지에서는 황홀상태가 되고, 박진감이 있는 환영이 나타나 목소리가 들리고 기이한 말을 예언하게 하는 '성스러운 버섯'을 토인들이 먹고 있다.

이 버섯은 토인들의 정상적인 정신상태를 훨씬 초월하여 내면적인 감정을 자극할 수가 있다. 그러나 자제를 잃은 감정은 앞뒤가 단편적이고, 조리가 맞지 않으며, 관련성이 없고 예언적이라 할 수 없는 공상적인 경우가 많다.

약과 버섯의 실험을 양쪽 다 받은 남녀에게 이야기를 들어 보면 심신(心身)의 감수성이 증가했다고 전원이 증언하고 있다. 오랫동안의 억제에서 해방되어, 현실적으로 자기를 잡아 매고 있는 여러 가지 정신적, 감정적 장해를 벗어날 수 있다는 사람도 있다.

그들에게는 이 체험이 그때에는 아주 진실되게 생각되는 것이다. 그러나 그 사람들이 이야기했거나 기록한 보고서를 조사해 보면 아무래도 진실치 못한 경우가 많은 것 같다.

약이나 버섯으로 자극을 가한 결과로서 소위 고급령(高級靈)이라든가, 육체를 벗어난 영적생물과의 접촉을 나타내는 확실한 증거를 나는 아직 본 일이 없다.

그러나 연구대상으로서 값어치가 있는 일종의 신비스런

정신현상을 일으킨다는 것은 의심할 수 없다. 최면의 암시력을 받으면 사람은 역시 환각적 체험을 하기도 하고, 출혈이 멎고, 고통을 느끼지 않는 보기드문 육체 제어의 작용을 일으킬 수가 있다. 아주 뜨겁거나 차가움, 또는 부서움과 기쁨 등 신체가 빠질 수 있는 모든 종류의 상태라고 해도 무방하다.

그렇게 되면 그 사람의 신체가 그에 따른 반응을 보이는 것이다. 이것은 감정의 작용이 정신과 관련하고 있음을 증명하고 있다. 정신이 받아 들이고 있는 것을 신체가 느끼는 것이다.

더욱 방에 있는 사람에게 추워서 얼 것 같다고 최면을 걸면 실제로 추위를 느끼게 된다. 육체는 땀도 흘리지 않고 그리고 덜덜 떨기 시작할지도 모른다.

이것은 정신이 정말이라고 생각하는 일을 그 사람이 진실로 느낀다는 것을 나타내고 있다.

따라서 이 초감각력에 대한 어떠한 연구에 있어서도 우리들이 느끼고 있는 그대로의 현실과 접촉하고 있다는 것을 확인해 둘 필요가 있으며, 그러기 위해서는 자신의 생각이나 행위를 의식적으로 계속 지배하도록 노력하지 않으면 안된다.

우리들의 의식적인 추리능력은 보초병으로서 우리들을 계속 보호해 줄 것임에 틀림없다. 여러분은 감정에만 지배되는 사람을 만나본 일이 있으리라고 생각하는데, 그들에게는 감정을 누르는 힘이 거의 없다. 마음이 불안정하고 기분이 애매모호하여 분명하지가 않다.

억제되지 않는 감정의 바다 속에 자기 자신을 잃어버리고, 의식은 혼란되고, 상태가 고르지 못하다. 그러한 상태 아래에서는 환각이 일어나기 쉽다. 그리고 불안감을 품으면 현실에서 동떨어진 가공적인 꿈이나 환상의 형태로 그것이 극적으로 나타날지도 모른다.

그러한 이유로 정신을 참답게 개발하기 위해서는 우선 첫째로 스스로의 감정을 누를수 있는 힘을 지닐 필요가 있다. 그렇지 않으면 주위의 갖가지 잡다한 영향이나 힘의 먹이가 될 경우도 있다.

자기 자신의 정신과 감정을 누르고 있을 때에는 일상적으로 일어나는 사소한 문제에도 곧 반응하는 광대한 감수성을 갖는 정신조직을 통합할 수 있다.

그러나 두뇌장해라든가 어떤 종류의 질병 · 알코올 중독 · 마취제 상용 · 최면의 영향 · 신경쇠약 · 우울증 등으로 자유의지를 무엇인가 다른 힘에 맡겨 버리면 이 억제력은 잃어지고 정신 조직은 제멋대로 행동하게 된다.

설명할 길도 없는 이상한 행동을 하는가 하면 때로는 광기나 혹은 범죄를 낳는 파괴적 행위의 원인이 되기도 한다.

이렇게 하여 인간 —— 그 인간은 실로 많은 종류의 욕구불만이나 심신의 긴장에 직면하고 있으나 —— 에 있어서 건강을 가장 위협하는 것은 마음의 병이라는 것을 알게 될 것이다.

불행하게도 초감각적 체험에 대해서 생각한 일이 없는 사람은 당연한 일이지만 마음의 균형이 잡혀 있지가 않다. 그들은 어떤 사람이나 새로운 환경이나 사건에 극단적으로 예민해져 버리고, 이 감수성이 감정의 강도를 몹시 높여서 자기도 모르게 보다 강한 발신과 수신을 되풀이 하고 있다. 그리고 자기의 힘으로는 도저히 억제할 수 없는 곳까지 이르고 마는 것이다.

심신을 스스로 안전하게 하고 안정시키기 위해서 어떤 상태에 있든지 감정을 억제할 수 있다는 능력을 발달시키지 않으면 안된다. 그러나 이것은 인생에 있어서 가장 어려운 일이다. 그러나 그렇기 때문에 우리들은 감정의 억제나 인생의 목표가 되지 않으면 안되다고 생각한다.

억제되지 않는 감정이 육체와 정신에 충격을 가하면 그 결과는 반드시 좋지 않다. 건강뿐만이 아니라 판단력이나 결의, 그리고 위기에 처했을 때의 신속하고도 현명한 행동력에까지 나쁜 영향을 주고 만다.

억제한 감정의 발산인 '울화통'을 때때로 터뜨리면 기분이 상쾌해진다. 그러나 감정을 억제하고 난 후 적당하게 외부로 발산할 수 있다면 저수지의 물처럼 갑자기 부풀어 오르지 않아도 될 것이다.

나는 초감각적 능력을 발달시키는 일에 흥미를 갖는 모든 사람들에게 자기 감정이 어떤 형편인지 맨 처음에 가늠해 볼 것을 권장하고 싶다.

정신이 향하는 대로 떠내려 가든가 정신이 뒤집혀 버렸다 하더라도 초감각적인 체험을 할 수 없다는 것은 아니다.

근심이라든가 걱정이 있거나, 불안이나 노여움을 느끼거나, 또는 성취되게 해 주길 바라는 희망을 갖고 있던가 하면 그에 의해 인상이 왜곡되고 날조된 이야기의 원인이 될지도 모를 일이다. 정신이나 감정을 단련하게 되면 그런 것은 최소한으로 누를 수 있다.

그때에는 욕구불만의 상태에 있을지라도 자기에게 나타나는 인상을 검토할 수가 있고, 그것이 올바른 인상인지 잘못된 인상인지를 알 수도 있을 것이다.

감정의 힘을 이용할 수 있기 위해서는 걱정이나 근심을 이겨 내고, 마음에 쌓아 둔 과거의 해로운 감정적 반응을 전부 버릴 필요가 있다.

과거의 불행한 사건이 비슷한 장래의 불행한 사건을 끌어 당기는 힘이 되는 것은 이들 잘못된 심상(心象)과 감정때문이다. -'뜻이 맞는 자들끼리 모인다'는 말처럼 그러한 잘못된 심상이나 감정을 의식에서 제거하지 않는 한 머지 않아 또 다시 똑같은 일을 되풀이 하게 될 것이다.

자기가 저지른 잘못을 상기하고, 그대신 이렇게 했으면 좋았을 것을, 실행해야만 했다고 생각되는 말이나 행동을 실제로 행하고 있는 자기의 모습을 의지의 힘으로 그릴 수 있다면 그 위업(偉業)은 틀림없이 성취될 것이다.

이제까지의 잘못된 생각을 정정하는 것이 자기를 제어하고 결과적으로는 신뢰할 만한 초감각적 능력을 발달시키는 열쇠인 것이다.

초감각적 능력의 탐구를 진행시켜 나아감에 따라서 그 달성법이 저절로 분명해질 것이다.

제 4 장
텔레파시 통신

1. 유령이 유령을 죽이다

　텔레파시(精神感應)란 알다시피 여하한 물질적 매개물의 도움도 받지 않고, 한 사람의 인간의 마음이 다른 사람의 마음과 통신할 수 있는 것을 말하고 있다.
　이 통신이 어떻게 일어나고, 어떤 에너지에 의해 전달되는가 하는 것은 아직 정확하게는 아무도 알지 못하고 있다.
　나는《공간을 통하는 상념》이라는 책에서, 그 해답은 마음의 전기적(電氣的) 활동에 있을지도 모른다고 추측했다.
　이것은 인간의 마음이 작용하는 전자장(電磁場)이라는 것이 있어서 이것이 자극을 받아 발생시키는 것이 아닐까 라고 생각된다.
　과학은 뇌의 전류를 기록하고 측정할 수 있다는 것을 뇌파 기록기에 의해서 밝혀 냈다. 마음이 정신적 혹은 감정적으로 흐트러지면 의식의 자극상태를 반영한 전기 폭풍이 뇌에서 일어나는 것을 관찰할 수 있다.
　이미 앞에서 말한 대로 감정이 격해지면 많은 에너지가 생겨 상념을 더욱 더 외부로 발산하는 원인이 되는 것 같다는 것을 나는 알게 되었다.
　그러나 대뇌의 전류는 아주 약하다. 꽤 멀리 떨어져 있을 때는 물론이지만, 바로 옆 방에 있으면서도 상념을 받아 느낄 수 있기에는 설명하기 어려울 정도로 뇌파 에너지는 약하다고 생각된다.

나는 얼마 전에 시공(時空)을 초월한 정신 에너지체라든가, 그것을 통해서 작용하는 정신 에너지의 한 형태라고도 할 수 있는 것이 있을지도 모르며, 그것은 기계로서는 탐지할 수 없으리라고 대담하게 말한 적이 있다.

외부로부터의 전자파(電磁波)를 받을 염려가 없게 절연되어 있으며, 주위를 덮을 파라디 상자(파라디는 영국의 물리학자로서 자장(磁場) 전기분해 등의 실험을 했다)나 두꺼운 납으로 안쪽을 바른 곳에 특수 능력자를 가둘 수 있다는 것을 미국이나 소련의 과학자가 최근의 실험에서 증명하고 있으므로, 이 가정은 그런 대로의 가치가 있으리라고 생각된다.

더구나 텔레파시의 힘은 그러한 공을 들인 방어물까지도 뚫고 보내지기도 하며 받기도 하는 것이다.

이것은 무엇을 나타내는 것일까? 오늘날 우리들이 알고 있는 여하한 힘보다도 더 미세하고, 어떠한 장애물도 통과할 수 있으며, 무엇에도 제약당하고 있지 않은 힘이 있다는 것을 말하고 있는 것이다.

사람은 각기 자기의 의식 속에 이러한 힘을 가지고 있으면서도, 대부분의 사람들은 그 힘의 내막에 대해서는 아직도 태아의 수준에 지나지 않는다고 해도 과언이 아니다. 그러나 인간 속의 이러한 힘은 인간의 육체적 기관이 미치지 못하는 아주 먼 저쪽에까지 확대되고 있다는 것을 알아야 할 것이다.

초감각적 지각의 활동

근본적으로는 그것이 무엇인가를 알지도 못한 채 수많은 분야에서 사용되고 있는 전기의 경우처럼, 이제는 설사 그 기본적인 성질을 이해할 수 없다고 하더라도 기회 있을 때마다 ESP(Extra seusory perception ; 超感覺的 知覺)를 사용할 수 있다.

우리가 가진 지식을 활용하지 않으면 이에 관한 우리의 지식도 초기 발달 단계에서 한 걸음도 발전할 수가 없었다. 그것은 마치 무선전신을 발견한 직후에 실험을 중단하고, 말코니(이탈리아의 발명가)가 개발한 들리지 않을 때가 자주 있는 초보단계의 무선 전파의 수신력에 만족한 채 그냥 내 버려 두는 것과 마찬가지이다.

마음의 표면 바로 아래에서 많은 일이, 아니 그 이상의 굉장한 일이 기다리고 있다고 하는 많은 증거가 있다. 이러한 일들은 인간이 탐구를 계속하여 발굴해 낼 때까지 기다리고 있는 것이다.

나는 요즈음 자주 행했던 강연중에 초감각적 지각에 대한 체험을 한 번 혹은 그 이상 했다고 생각하는 사람은 손을 들어 보라고 요청했는데, 반 이상의 청중이 그러한 체험을 하고 있다는 것을 알았다.

개인적으로 체험을 하지 못했을 경우에는 아무리 의심하고 있다고 하더라도, 한번 그러한 보기드문 체험을 하게 되면 ESP가 사실이라는 것을 의심할 수가 없게 되며, 마음의 신비나 ESP의 체험을 되풀이 할 수 있는 방법에 대해서 여러 가지로 열심히 알고 싶어한다.

그러나 보통은 이에 대한 신뢰할 만한 지식이나, 사실에 대한 초보적인 교육이 없었기 때문에 알 수 없었던 것이다.

그래서 나는 그것을 말로 옮길 수 있을 뿐만 아니라 그러한 사람들에게 도움이 될 만한 필요사항을 여기에서 말해 두기로 하겠다.

다만 이 책은 틀에 박힌 교과서는 아니므로 바로 여기다라는 곳에서 한숨 돌리고, 필요한 자료나 흥미 깊은 자료나 화제 등을 삽입해 두려고 생각한다.

가령 순서가 다른 책과 다르다고 하여도 내용적으로는 결함이 없을 것으로 믿는다.

어쨌든 앞에서 대강을 말해 두었던 일곱 가지의 다른 의식 수준을 여기에서 기억해 주기 바란다. 그것은 다음과 같은 것들이었다.

1. 현재의식(現在意識) 수준
2. 잠재의식(潛在意識) 수준
3. 기억(記憶) 수준
4. 창조력(創造力) 수준
5. 치유력(治癒力) 수준
6. 직관적(直觀的) 수준
7. 광대무변(廣大無邊)한 의식 수준

보통 경우에는 하나 혹은 그 이상의 의식 수준이 갑자기 작용하기 시작하는 셈인데, 사람들은 그것이 자신을 위해서 개별적인 기능을 발휘하고 있다는 것을 의식조차 하지 못하고 있다.

마음에 요구한 회답으로서 초보적 가르침이 주어진 것으로 알 뿐이다. 그러나 필요한 것이라든가 원하는 일에 현재 의식이 주의를 가만히 기울이고 있을 때에 어떻게 해서 다른 의식 수준의 하나 또는 그 이상을 활동시키는가 하는 것은 알지 못한다.

　두세 가지의 예를 들기로 하겠다. 5관 중의 하나 혹은 그 이상이 작용을 통하여 현재의식에 의해 받은 체험은 즉시 잠재의식에 보고된다.

　그러면 마음의 기관이 작용하기 시작하여 그것을 기록하고 정리한다. 정상적 상태에서, 즉 정신이나 감정이 정지(靜止)하고 있거나 또는 적어도 안정되어 있을 때에는 잠재의식은 신체의 전 기관의 기능을 통제하고 있다.

　서로 관계가 있는 하나의 기관에서 다른 기관으로 에너지가 율동적으로 조화를 유지하며 흐르는 것을 중단하거나 방해하거나 하는 것은 하나도 없다. 그러나 우리가 살아 가면서 여러 가지 체험을 갖게 되고, 이 체험들 중에서 불행하고 애처로운 체험은 육체를 제어하는 중추를 방해하여, 예를 들면 호흡곤란·심장판막증·소화불량과 같은 여러 가지 증상을 일으킨다.

　이것은 감정의 파동에 의해서 일어난 것이며, 여기에는 하나 하나의 세포에 흔적을 남길 정도의 힘이 있다고 생각된다.

　잘못된 감정의 영향은 감정이 고쳐짐으로써 비로소 해소될 수 있다. 그러나 동시에 기억수준에서는 어떤 체험과 관련을 맺고, 이 체험때문에 자극을 받은 감정과 맺어진 마음의 영상이 기록되어 버린다.

　그것은 이전에 기록되어 있던 같은 종류의 다른 경험 전부와 합쳐진다.(마음의 영역에서 뜻이 맞는 자끼리 모이는 셈이다.)

　따라서 만약 어떤 경험이 가져다 준 지배적인 감정이 불안감이라면 이전에 기억 속에 새겨진 불안감은 더욱 격렬해질 것이다.

알다시피 현재의식에 과거의 경험을 축적시키고, 이들 경험이 가르쳐 주는 것을 새로운 문제에 대처하는 데에 쓰기 위해서 기억수준이 있다. 그런데 이 기억의 보고(寶庫)를 주로 불안과 무력감(無力感)과 인생에 대한 잘못된 감정적 반응의 영상으로 채워 두면 건설적인 가치가 있는 것까지도 거의 이용하지 못하게 되어 버린다.

지금은 기억으로 비축하고 있는 과거의 일체의 체험 내용을 들추어 내어 장래를 설계하는 일을 도와 주는 것은 의식의 두번째로 높은 수준에 있는 마음의 창조력이 할 일이다. 새로운 경험이 기억에 기록될 때마다 창조력이 반응을 일으켜 그에 대해서 무엇인가를 행하게 된다. 그러나 현재의식이 내리는 결정을 통해 구체적인 지시를 받지 못하면 자기가 맡은 의무를 다하지 못한다.

기억에 축적되어 있는 경험이 설사 많이 있다 하더라도 몇 년간이나 쓰지 않은 채 버려진다.

그것은 다시 그와 같은 경험을 가져보고 싶다든가 그것으로 부터 배우고 싶다든가 하는 것을 의식하지 않았기 때문이며, 더구나 의식적인 건망증때문에 이 경험을 매장시키려고까지 했을지도 모를 일이기 때문이다.

그럼에도 불구하고 일단 경험한 일은 확고부동하며, 사람들이 알아차리고 있건, 알아차리지 못하던 간에 잠재의식의 수준에서는 항상 사람의 행동에 영향을 미치고 있다.

인간은 또 현재도 맞보고 있는 체험에 일일이 반응하지 않으면 안되므로 치유력에 의해 기운을 회복시키고 다시 정력을 높일 반응이 필요하게 된다.

치유력은 끊임없이 작용하고 있으며, 몇 백만 혹은 몇 억만이나 되는, 죽어 가든가 또는 이미 죽어버린 세포를 새것으로 바꾸고 있다.

이것은 인간의 신체의 청사진을 갖고 있으며, 무엇을 고쳐야 할 것인가를 정확하게 알고 있는 것 같다. 그것은 또 육체적인 경험이든 정신적인 경험이든 또는 그 양쪽의 어느 것이든간에 경험을 갖는 순간에 그 요구를 즉시 알아채는 것 같다.

그러나 또 잠재의식의 육체 제어 수준의 경우처럼 불안한 생각이나, 자기 힘으로는 어떻게 할 수가 없다는 느낌이나, 그와 비슷한 종류의 생각에 의해 이 치유력 수준의 기능이 하는 일을 뒤틀리게 할 수도 있을 것이고, 그와는 반대로 강한 신념과 자신, 용기를 갖게 되면 이 치유력을 자극하여 얼핏 보아 기적이라고 생각될 만한 일까지도 할 수 있게 된다.

직관적 수준이란 육체와 관련이 있는 낮은 감각 기능 전부가 높은 감각 기능으로 용해해 들어가는 수준이다.

이것은 초감각적 지각의 능력이 들어 있는 수준이다. 대부분의 사람은 이 능력이 실행하는 힘을 인정하면서도 그것을 신뢰하지 않고 있기 때문에 그것이 나타나는 힘을 거의 알지 못하고 있다.

그러나 결심을 한다든가 긴급사태에 대처할 때, 육체적 감각이 따를 수 없는 번득이는 지각으로 도움을 받는다는 정도로, 이 감각들의 작용은 직관이라는 모습 속에 융화되어 나타나는 일이 많다.

인생의 체험이 감동이나 위기로 가득차 있기 때문에 이 직관 수준이 활동적이 되며, 때로는 ESP 능력이 직관을 대신하여 보호적이고 지도적인 역할을 해 내기도 한다. 그것이 어떤 형태로 일어나는가 하는 것은 설명할 수 없을지라도 그때야말로 절대적인 ESP의 실례를 체험했다고 생각해도 무방하다.

ESP를 작용시키는 단계에 도달하면 비로소 광대무변한 의식 수준에 도달할 수 있을 것이다. 이것은 인간이 신의 존재라든가 신의 의식으로서 표현되는 것과 연결되는 수준이다.

진심이 어린 심사(深思)나 명상(瞑想)으로 도달하는 영원하고도 무한한 수준이며, 거기에서 비로소 '나는 영원이니라'라고 하는 영원불변의 소리를 느낄 수 있게 되는 것이다. 여기에는 이름을 붙일 수도 없고, 물질의 본체가 도저히 미치지 못하는 곳이다.

우리들이 말(言)이라고 하는 것을 이해하고 있는 것처럼 실체를 갖고 있는 것이 실체가 없는 것과 만나는 장소이다.

이것은 실재(實在)의 중심이며, 그 주위를 이들 의식의 좀 더 낮은 수준이 돌고 있다. 여기에서 사람은 받아서 느낀다고 하는 스스로 개발한 능력에 따라서 신, 즉 위대한 예지와 맺어질 수 있는 것이다.

자유 의지에 파장을 맞추어

상상조차도 할 수 없는 광대한 우주 전체에 걸친 전 생명의 의식에, 무엇인가 근본적 관계가 있다고 나는 굳게 믿고 있는데, 사람은 그것에 복종한다든가 그것을 의식하는 것조차도 강요당하고 있지 않다.

그러나 나는 인간이 자신의 자유의지의 파장을 확대시켜야 한다고 생각한다. 그런데 슬프게도 인간이라고 하는 무수한 생물은 실재보다 훨씬 낮은 수준에서 물질적인 생활에만 빠져 있어서, 이와 같은 초월적인 힘을 감지하는 경우가 설사 있다고 하더라도 극히 드물다.

　모든 인생의 경험을 자기의 실체에 의해 재음미하는 것은 광대무변한 의식 수준에서만 가능한 일이며, 이 세상에 있어서의 우리들의 본질은 실체(實體)나 혼(魂)속에 마술처럼 끼워 넣어져 있다.

　현 시점에서의 당신을 설명하기 위해서는 당신에게 일어난 모든 일의 전부와, 이에 대한 당신의 정신적이며, 감정적인 반응방식을 더한 것과 같다고 말할 수 있을 것이다.

　사람은 체험을 명심하게끔 되어 있는 의식을 갖고 이 세상에 태어났다.

　인간은 이 세상을 떠날 때 어딘가 딴 곳에서 그것을 사용하기 위해서 이 체험의 본질을 갖고 가게 되는 것이다. 마음의 경탄할 만한 기관의 기적적인 기능을 생각할 때, 그렇지 않은 경우가 있을 수 있으리라고는 나는 도저히 생각조차도 할 수 없다.

　왜냐하면, 한층 더 큰 발달과 공적을 성취하기 위한 준비로서 그것은 사건 전부를 아주 정확하고도 정밀한 방식으로 기록하고 있기 때문이다.

　소위 물질적 기관(器管)의 사멸만으로 모든 결과가 소멸되어 버리는 운명에 놓여 있다고 한다면, 이 무섭도록 방대한 에너지를 조그마한 몸과 마음에 쓰이도록 한 것은 무슨 까닭일까?

　사람은 어느 생명보다도——모든 인간이라고 하는 생물의 표면 바로 밑에는 얼마나 많은 것이 숨겨져 있는가?——상상하는 것 이상으로 훌륭하다. 그러므로 자기 자신의 평가와 발달이나 진보의 가능성을 얼핏 헤아려서는 알 수 없으리만치 높여야 할 것이다.

육체로부터 마음을 해방한다

마음의 기능에 대해서 그 배경이 되는 지식을 배웠으므로 이제 텔레파시의 정신적 기법을 생각할 준비가 갖추어진 셈이 된다.

인상(印象)의 송신과 수신은 육체적인 것과는 관계가 없으므로 초감각적인 능력을 양성하는 제1보는 이 육체적인 작용을 무시하는 방향으로 나가지 않으면 안된다.

육체의 존재를 순간적으로 의식하지 않은 채 둘 필요가 있다. 그래서 먼저 신체를 느슨하게 하고, 그 후에 현재의식의 주의력을 이 신체와, 또 신체가 갖는 외계와의 접촉으로부터 떠나게 하는 일을 해야 된다.

그렇게 하기위해서는 내가 오랫동안 써 왔고 몇 권인가의 책에서도 말한 바 있는 특히 효과가 있는 이완법(弛緩法)을 이용한다. 그것은 다음과 같은 요령으로 진행시킨다.

1. 안락의자나 침대에 편안한 마음으로 눕거나 폭신한 의자에 앉는다. 보통 의자나 안락의자 혹은 침대가 전신의 무게를 감싸고 긴장이 풀리면 여유 있는 기분이 된다.

2. 조용히 현재의식의 주의력을 한쪽 발에 충분히 기울인다. 자기의 의지를 작용시켜 양 발을 정면 바깥 쪽으로 눕히던가 임기응변으로 윗쪽으로 올리도록 한다.

근육이 어느 정도 팽팽해진 것 같은 느낌이 들면 양 발을 마음에서 놓아 준다. 마치 신체에서 떨어져 나간 것같이 내버린다는 뜻이다.

지금 그 발에서 현재의식의 주의력을 거두어 같은 방법으로 반대쪽 발에 집중시킨 후 앞에서와 같이 한다. 위로 혹은 바깥쪽으로 굽힌 후 한숨을 돌리고, 마음으로부터 해방시켜 마치 몸에서 떨어져 나간 것처럼 내린다.

3. 그리고는 현재의식의 주의력을 한쪽 팔에 집중시킨다. 그 팔을 뻗치고——잠시 받치고——팽팽해진 느낌이 들면 주의를 거두어 팔을 녹초가 된 것처럼 내린다.

다시 다른 한쪽 팔에 주의력을 옮기고——그 팔을 들어 올려 떨어지지 않게 해 두고——팔을 지탱하는 정신력을 감소시켜——천천히 내린다.

4. 현재의식의 주의력을 몸통에 기울인다. 그런 후 서서히, 그리고 침착하게 주의력을 거두어 들인다. 마치 물결이 엉덩이에서 머리로 전해져 오는 것처럼, 허리에서 시작해서 윗쪽으로 옮겨가고 몸으로부터 마음을 떼어 나간다.

이렇게 하면 마치 육체에서 무엇인가가 빠져 나가는 것처럼 긴장에서 풀려나 둥둥 떠 있는 듯한 기분이 된다. 가벼운 물결이 목과 머리에 닿는 순간 목의 근육을 이완시켜 머리가 앞으로 내려가는 대로 내 버려 둔다.——앉아 있을 경우 혹은 머리를 안락의자 또는 침대에 축 늘어 뜨려서 걸쳐 둘 것 ——다소 숙련되면 마음으로부터 육체를 해방시키는 일은 이것으로 충분하다.

실제로 이 점진적인 이완법에 숙련되면 중간 방법을 생략하더라도 의지의 행위에 의해서 현재의식으로서 육체를 완전히 해방할 수 있다는 것을 알게 될 것이다.

5. 그러면 육체에 존재하고 있는 의식은 이제 없다. 현재의식의 주의를 내부로 향하게 하여 의식의 직관 수준(直觀水準)과의 접촉을 문득 생각해 낼 준비가 갖추어진 셈이다.

여기에서는 잠재의식의 육체 제어·기억·창조력·치유

력 수준을 일부러 무시해 버린다. 실재의 의식성(意識性)인 실체(實體)가 의식의 이 직관 수준에 집중되어 그 일부가 되었다.

그러나 이 식관 수순과의 접촉을 유지하고 다른 수준을 방해하여 충돌하지 않게 하기 위해서는 현재의식의 주의력의 촛점으로서 어떤 대상을 마음 속에 그릴 수 있게 되지 않으면 안된다.

내부 의식의 어두운 방에 붙어 있다고 상상하는 아무 것도 비쳐 있지 않은 새하얀 영사막을 나는 문득 생각해 냈다.

마음에 든다면 내가 한 것과 같은 방법을 써도 된다.

지금 말한 것처럼 영사막을 마음의 눈에 쉽게 그릴수 없다면 주의력을 촛점에 맞추어 둘 수 있는 수단으로서, 거기에 막이 있다고 자기 자신에게 느끼게 하면 된다.

6. 이상으로서 완전히 준비는 갖추어진 셈이다. 육체는 느슨해져 있으며, 현재의식은 스스로 활동하지 않고, 그 주의력은 내부를 향하고, 마음에 그린 이 아무 것도 없는 영사막에 집중되어 있다.

자기 자신의 마음에 의식의 다른 수준에서 단편적으로 생기는 육체적인 느낌이나 인상의 끊임없는 흐름을 초래하는 것을 지금 말한 간단한 방법으로 방지하게 되는 것이다.

다만 텔레파시의 통신을 받고 싶다고 원하는 사람의 일을 마음속으로 생각하고, 그리고 영상이 마음의 영사막을 재빨리 가로지르는 순간에 그것을 마음 속에서 인정하게 된다는 것을 자신에 찬 기대로 기다리고 있으면 되는 것이다.

7. 일단 이들 심상이 나타나면 마음 속에 보인 것을 외워 버리고 될 수 있는 대로 빨리 버리므로, 이 일을 특히 여기에서 강조해 두고 싶다. 마음에 느끼는 충격과 함께 나타났다

가는 사라져 버린다.

지금 잠재의식에서 생각해 내려고 하는 어떤 지식을 조금 전에 배운 일이 있었던 것처럼, '잘 있는 듯한 느낌'이라고 내가 부르고 있는 것이 후에 남는 일이 있을 것이다.

어떤 때나 자기가 받은 인상에는 심상(心像)이 따르는 것처럼 생각된다. 그러나 때에 따라서는 자기의 마음은 그것을 잡을 수 있으리만치 재빠르지 못하다고 생각하고 있다. 그렇지만 많은 경우에 어떤 감정의 형태를 취하는 심상의 그림자라고 해도 좋을 만한 것이 남는다.

나는 이 느낌을 해석하면서 심상 자체를 잃어도, 일어났을지도 모르는 일의 전부나 아니면 일부를 마음 속에 떠올릴 수가 있다.

이들 영상이 얼마나 순간적인 것인가를 이해하기 위해서 자기가 지금 바로 코 앞도 보이지 않는 칠흑의 해안에 있다고 상상해 주기 바란다.

당신은 머리 위의 하늘 가득히 펼쳐져 있는 별을 올려다보고 있다. 갑자기 한 유성이 칠흑 같은 배경과는 대조적으로 섬광처럼 밤하늘을 가르면서 지나간다.

그것은 차차 사라져 가는 한 줄기의 빛나는 꼬리를 남기면서 깜박 하는 사이에 보이지 않게 된다.

그러면 보내는 사람의 마음으로부터 포착하여 당신의 심안으로 보고 있는 어떤 체험의 심상을 저 유성이 나타내 보였다고 간주할 수 있을 것이다.

이것은 지금까지는 본 일이 없는 그 무엇인 것이다. 그것과 관련이 있을 법한 일은 자기 마음에는 아무 것도 기억이 없다. 그 순간에 마음 속에서 본 것을 기초로 하여 이 유성의 번득임을 해석할 필요가 있다.

그러나 최초에 마음으로 인정한 것과, 이 사건이 남긴 상세한 흔적은 될 수 있는 대로 오랫동안 곡해하지 말고 기억해 두지 않으면 안된다.

김징은 일단 집기만 하면 마음의 영상(映像)이 사라져 버린 훨씬 나중까지도 그대로 의식에 머물러 있을 수 있다. 그러나 인상을 해석하려고 너무 무리를 하게 되면 기억이나 창조력 수준을 활동하지 않게 하기가 어렵다.

왜냐하면 상상력이 작용하여 똑같은, 혹은 관련성이 있는 어떤 옛날의 경험이나 지식중 어느 쪽인가를 기억에서 끌어내려고 하기 때문이다.

그래서 그대로 두면 받았을지도 모를 진실한 인상은 무엇이든 그 때문에 채색되기도 하고 또는 왜곡되기도 한다.

인상을 받을 때 그 인상이 아무리 있을 수 없는 일이라든가 이치에 닿지 않는 것으로 생각되더라도, 정신을 집중하고 있는 사이에 마음에 떠 오르는 것은 무엇이든 기록해 두는 훈련이 필요하다.

현대의식이 끼어 들어가 그 추리력이 도전해 오는 것을 허용하는 순간에 그 인상은 변질되기 때문이다. 마음에 그린 텅 비고 새하얀 영사막에 주의력을 일단 집중해 버리면 현재의식과 그 보통의 기억은 어느 점에서 보아도 제거된 셈이된다.

2. 마음 속의 이중노출

　초감각적 능력이 육체의 5관이 부여하는 인상만큼 예민하게 느끼는 인상을 알 필요가 있다. 감수하려고 시도하고 있는 사이에 5관으로부터의 인상이 끼어 들어와 기회를 이용하는 것을 묵인하는 것은 사진 필름에 이중으로 촬영하는 것을 승락하는 것이나 마찬가지이다.
　그러면 어느 쪽 사진도 확실하지 않고 양쪽이 뒤섞여서 구별할 수 없게 되어 버린다. 마음의 일면이 다른 면을 방해하는 이 경향은 정확한 텔레파시의 감수를 제일 많이 방해한다.
　인상을 받는 실험을 계속하고 있는 동안 나는 지금도 이 방해꾼이 들어오지 못하도록 조심하고 있다. 그뿐만 아니라 인상의 기록을 끝내고 그것을 조사할 때에는 의문에 사로잡혀 인상이 확인될 때까지는 정말이지 몇 번이나 정신적인 고통을 맛보게 된다.
　휴버트 윌킨즈 경과의 텔레파시 실험 중에도 이런 일이 되풀이 해서 일어났다. 나의 추리력은――신체로 보고, 듣고, 맛보고, 느끼고, 냄새맡을 수 있는 것을 판단하고 검토하도록 훈련되어 있기는 하지만――더욱 고급적인 감각 능력이 나타내는 증언을 인정할 수 없었다.

윌킨즈 경이 악천후로 비행중에 불시착하지 않을 수 없었고, 휴전기념 무도회에 야회복으로 정장하고 나타났다고 하는 심상이나 강한 느낌의 인상에 대해서는 앞에서 말했지만 그것을 기록했던 날 밤에 걱정했던 일이 특히 기억난다.

이렇게 아내에게 말한 것으로 기억하고 있다.

"여보, 마아사, 오늘 밤에는 내가 잘못한 것 같소. 지레 짐작하여 상상했다는 느낌이오. 오늘 저녁 무렵에, 아니 좀더 일렀었던 것 같은데, 윌킨즈씨와 마음으로 만날 약속 시간이 되기도 전에 앨링턴 묘지에서 휴전기념일의 식전이 집행된다는 것을 신문에서 읽었단 말이오. 그리고서 윌킨즈 경에게 정신을 집중시키자 그가 휴전기념식에 입장했다는 것이 웬일인지 보이는 것 같았소. 그 위에 군복이나 이브닝드레스를 입은 남녀가 마음에 보였거든.——그리고 나서 윌킨즈 경이 눈에 띄었는데 그도 역시 야회복을 입고 있었던 것 같았소. 마아사도 잘 알다시피 이 텔레파시 통신을 하고 있을 때에 오는 인상은 무엇이든 아무리 어처구니 없게 보이더라도 기록해 두었다가 나중에 검토해 볼 필요가 있소. 그런데 내가 쓴 것을 오늘 밤에 되돌아 보니 윌킨즈 경이 인명구조라고 하는 중대사명을 띠고 북쪽으로 비행한 사실을 잘 알고 있으며, 휴전기념일의 무도회 행사에 나갈 시간을 내지 않으리라고 생각하오. 또한 그 위에 야회복을 준비하고 갔을 리가 없소."

"윌킨즈 경의 일기와 일지의 대조용 보고서를 항공편으로 받을지도 모르므로 그때까지 기다려 보면 어떨까요?"

라고 마아사가 말한다. 그런 저런 이야기를 하는 사이에 아내는,

"약속 시간이 되면 고민하지 않고 다음 실험을 자유롭게

할 수 있도록 의심을 일소해 버리셔요."
라고 몇 번이고 권했다.

나는 나의 아내의 말대로 해 보았지만. 마음의 안정을 잃는 때가 있었다. 그러나 윌킨즈 경의 보고서가 도착하여 그 예복 건은 내가 옳았던 것을 알게 되었다. 겨우 안심했던 그 당시의 나의 마음을 살펴주기 바란다.

상대편에 파장을 맞추다

윌킨즈 경과의 실험을 시작하고 얼마 되지 않았을 때, 나는 정신감응 능력을 신장시키려고 할 경우 누구에게나 유용하게 쓸 수 있으리라고 생각되는 발견을 했다.

앞에서 말한 것과 같은 방법을 거쳐 윌킨즈씨에게 마음을 기울이자 몇 초 후에 마음 속에서 정신적으로 접촉한 것 같은 느낌이 들었다. 이 느낌에 대해서는 각자가 자기 스스로 체험해 보는 외에 말로는 좀 표현하기가 어렵다.

정말 그 사람과 이웃하고 있는 듯한 기분이었으나 그것으로서 그 사람이 현재 여기에 있다는 것이 되지는 않는다.

보내는 사람의 생각이나 느낌을 받는 사람이 동시에 생각하거나 느끼거나 할 수 있도록 두 사람의 마음 속에 회로가 열린 듯한 느낌이다.

그러나 이 경우 분리할 수도 없고, 혼란을 일으켜 현재의식과 잠재의식의 경계를 왔다갔다 하는 단편적인 변화무쌍한 인상으로 돌연 나의 마음이 가득 채워지는 것처럼 느껴졌다. 마치 같은 파장 속에 여러 라디오 방송국이 들어 있는 것 같았다.

너무나도 혼란스러운 상태였으므로 인상을 받으려는 계획

제4장 텔레파시 통신 109

을 포기하고 거기에서 일어나고 있는 것을 다시 검토해 보았다. 윌킨즈씨의 마음과 실제로 접촉한 것이라면 그의 인생의 여러 시기에 있었던 사건의 심상과 접했음에 틀림없고, 그것은 전부 그의 의식과 공존하고 있었던 것이라는 생각이 떠올랐다.

윌킨즈씨가 이것들 중에서 어느 것이라도 자유 자재로 기억에서 생각해 낼 수 있는 것처럼, 그의 마음에 파장을 맞춘 나의 마음이 기록되어 있는 것과 같은 체험에 접근되었다고 생각하는 것도 이론적으로 보아 가능한 일이다.

문제는 수신의 선택에 있다는 것을 나는 그때 비로소 깨달았다. 더구나 그것은 이해하기 어려운 일이었다.

만약 정말로 자기 마음의 과거의 경험을 축적해 둔 윌킨즈씨의 기억층에 파장을 맞추었다고 한다면, 어떻게 해서 윌킨즈씨의 마음에서 특히 받고 싶다고 생각하고 있었던 것만을 골라 낼 수가 있었던 것일까?

더구나 다른 방법으로, 마음은 라디오와 같은 기능을 발휘하고 있는지도 모른다는 생각이 그때 나에게 떠 올랐다.

라디오에 있어서는 어떤 방송국의 방송 프로를 희망할 때 다이얼을 몇몇 사이클이나 메가사이클의 일정한 파장에 맞추면 그에 상당하는 방송국의 방송이 들려 온다.

그렇다면 암시의 힘을 써서 자신의 초감각적 능력에 대하여 제한된 시간의 범위에서 작용하고 '파장을 맞추고' 의식에 내재하는 다른 생각을 떼어 내도록 지시할 수 있었을까?

자기가 시작한 방법으로서는 조금도 효과를 발휘하지 못한다는 것을 알았으므로, 그 실험은 확실히 해볼 만한 가치가 있었다.

심신의 이완을 되풀이 하고 마음에 그린 텅 비고 새하얀 영사막에 주의를 기울여 마음 속에 윌킨즈씨를 찾으며 소리 내어 부른 다음, 이러한 암시를 자신에게 강력하게 주었다.

오늘 특별히 눈에 띌 만한 일이 윌킨즈씨의 신변에 일어났 었는가──혹은 무슨 일인가가 지금 일어나고 있는가── 확실히 밝히라.

마음이 느슨해지고 감각이 아주 예민해진 이 상태에서 암시는 즉시 효과를 나타냈다. 굳어져 있던 상념의 형태나 감정은 사라져 버렸다. 그리고 나서 말로 표현할 수 있게 되었고, 시간이 흘러 실험을 또박또박 시간대로 계속함에 따라 퍽 정확하다고 알게 된 영상과 느낌이 마음의 영사막을 재빨리 가로지르기 시작했다.

예외는 거의 없었으나 특히 의의 깊게 받아 들인 많은 인상은 그날 윌킨즈씨가 마음 속에서 회고한 사건이나 정신상의 통신을 한 바로 그 시간에 생기고 있었던 생각이나 사건에 관계가 있었다.

이 사실에서 각 실험을 하기 전에 매일 밤 자기가 마음 속에 품었던 '파장을 맞추라!'고 하는 암시에 의해서 필요로 하는 수신을 선택할 수 있었던 것이 명확하게 되었다.

이 간단하고 암시에 찬 방법은 비슷한 어떤 실험에서도 퍽 쓸모가 있다는 것을 아마 알수 있으리라고 생각한다.

나는 일생을 통하여 여러 가지 경우에 써보았는데 효과는 언제나 뚜렷했다.

선구자는 경험에 의해 배웠다

여기까지는 인상을 보내는 방법보다는 감수하는 방법을 주로 말해 왔다. 이것은 근본적인 의무와 입증의 책임이 언제나 받는 사람에게 있기 때문이다.
 대부분의 경우, 보내는 사람은 이쪽 편에 정신을 집중하고 있을 필요조차 없다.
 윌킨즈씨와 실험에 대하여 협의했을 때, 내가 뉴욕에서 그에게 정신을 집중하고 있겠다고 약속한 시간에는 반드시 두 사람의 마음을 맞추도록 할 작정이었다.
 그는 의자에 앉아서 마음의 영상의 형태로 하루의 뚜렷했던 체험을 회고하고, 다시 체험하고 이쪽으로 힘차게 의지의 힘으로 보낼 수 있도록 어딘가 조용한, 사람이 없는 곳에 혼자 있을 계획이었다.
 그러나 그로부터 얼마 지나지 않아서 시간을 잡아먹는 일이 의외로 많아 윌킨즈씨는 약속한 대로 행동할 수는 없었다. 그런데 그럼에도 불구하고 놀란 것은 받은 인상의 정확도가 조금도 떨어지지 않았었다는 점이다.
 이러한 사실에도 윌킨즈씨는, 내가 이들 인상을 그의 잠재의식에서 받고 있으며, 약속시간에 의식하여 인상을 보내는 것이 필요불가결한 것은 아니라는 결론을 내렸다.
 따라서 휴버트 경은 밤이나 낮이나 때에 따라, 또는 약속을 지킬 수 없다고 미리 알게 되었을 때, 이쪽에 정신을 집중하는 버릇을 붙였다.
 강한 의지의 힘으로 보낸 상념을 마음의 잠재의식 수준에서 받는다. 그리고 내가 약속된 시간표대로 마음을 감응하기 쉽게 만들었을 때 그 상념을 의식 속에 끌어 들인다는 것을 믿고 그는 그렇게 한 것이다. 이것을 실시한 것이 상념의 신과 수신에 얼마나 도움이 되었는지 모른다.
 그의 마음에서 받고 있는 것 같은 인상을 기록하고 있으면서 윌킨즈씨가 이쪽에 정신을 집중하지 않고 있다는 것을 처음 알았을 때는 나는 마음이 퍽 동요했다.

    같은 때에 의식하여 보내지 않는다면 상념을 의식적으로 감수한다는 것은 있을 수 없는 일이라고 내가 초창기에 믿었던 것도 당연한 일이었다.

    내가 충분히 이해하고 있지 않았던 것은 다음과 같은 중대한 사실이다. 즉 개개의 경험은 의식에 기록됨과 동시에 심상과 정신적인 느낌으로서 계속 존재한다.

    그리고 그것은 체험자의 마음에 파장을 맞출 수 있는 특이한 능력을 가진 자와 같이 기억에 남아 있는 체험을 회상시켜 장래에 언제든지 쓸모가 있게 할 수 있다는 것이다.

    격렬한 감정과 결부된 사건을 마음에 간직해 두고 있다는 것은 앞에서도 말했는데, 내가 윌킨즈씨의 생활중 '현저'한 사건의 인상을 받고 싶다고 생각한 것은, 그와 같은 사건이 그의 감정에 제일 깊은 충격을 주었음에 틀림없다는 것을 알고 있었기 때문이었다.

    이것은 개인의 생활에도 꼭 들어 맞는다. 내가 받고 기록에 남긴 윌킨즈씨에 대한 많은 인상은 언제나 의지의 힘으로 의식적으로 보낸 것은 아니다. 그러나 역시 정확했다.

    그리고 이들 생각이나 체험이 일어나면 그는 그것에 대한 강한 감정을 마음 속에 담고 자기 혼자서만 남몰래 반응하고 있었던 것이다.

    내가 그것들을 느끼는 데에 필요했던 것은 이것뿐이었던 것이다.

마음은 모든 것을 기록한다

    상념에는 지금 이해되고 있는 전자기성(電磁氣性)이 없다

하더라도 그 진동이나 속도에 틀림없이 특질이 있을 것이다. 그리고 감정의 특질은 어떤 점에서 그것과 관련이 있을 것이다.

특수 능력자로서 생각한다면 인간은 언제든지 근본적으로 관계를 갖고 있다. 해석을 내리고 말로 표현할 필요가 있는 것은 느낌에 관해서이다. 무엇을 언제 어디서 느끼고 어째서 그런가 하는 일이다.

예를 들면, 얼음 위에서 죽어 있는 개의 인상을 윌킨즈씨로부터 받았을 때, 그가 개를 내려다보고 있는 광경이 마음의 눈에 비쳤다.

이 동물을 조사하여 머리에 총알이 관통한 것을 알게 되는 것이 보였으며, 어째서 그 개가 피살당했을까, 하고 생각하고 있는 것이 느껴졌다.

이 인상은 순간적으로 의식에 떠 올랐다가는 곧 사라졌는데, 그 느낌만은 꽤 오래 사라지지 않고, 원인이 되었던 사건을 말로 표현할 수 있었다.

어느 때인가 윌킨즈씨와 부하가 북극에서 탁구를 치고 있는 인상을 우연히 포착했다. 현재의식의 관점에서 생각한다면 도저히 생각조차도 할 수 없는 일이다. 그런데 틀림없이 그날 탁구를 쳤다는 것이 후일 확인되었다.

그와 같이 언제인가 옛노래의 레코오드를 걸고 있는 구식 축음기의 덜커덩거리는 소리가 나는 음악이 마음의 귀에 들려온 일이 있었다.

전초 기지에 있는 친구의 아들이 아끼고 소중히 간수하고 있었던 낡은 축음기를 그날 윌킨즈씨가 정말로 듣고 있었던 것이다. 그리고 감동적인 충격을 마음에 남겼는데, 행방불명이 된 러시아인 비행사의 수색여행과는 관계가 없고, 특히 보낼 만한 가치가 없다고 윌킨즈씨가 생각했던 수많은 체험 중에서 두 가지만을 여기에서 소개한 셈이다.

이와 같은 텔레파시의 수신은 개인에게 일어나는 것은 무엇이나 차별없이 기록된다는 것을 나타내고 있다. 그러나 본인의 가장 중대한 주의력을 끄는 체험은 의식에 극히 강렬하게 명기된다는 것을 강조해 두고 싶다.

자기가 실제로 연습을 할 때에는 보내는 사람도 동시에 정신을 집중하는 편이 바람직하며, 그다지 복잡한 것이 되지 않으므로 쉽게 대조할 수가 있고, 결과에 대해서 자신을 가질수 있다.

앞에서 받는 사람에 대해서 말한 바와 같은 방법을 보내는 쪽에서도 실행하는 것이 바람직하다.——심신의 긴장을 풀고 마음의 영사막이 의식에 있는 것을 생각해 내는 그 방법이다.

그리고 이 막에 비치고 있는 것처럼 보내고 싶다고 생각하는 것은 무엇이든지 마음에 그리지 않으면 안된다. 그리고 그 영상이 받는 사람의 마음에 있는 영사막에 보내지도록 의지의 힘을 작용시키는 것이다.

ESP카아드의 부호, 물체라든가 색깔, 실제로 있었던 인간의 체험 또는 생각 등, 이렇다 할 사실을 골라 보내기 위해서는 보내는 사람에게 일정한 시간을 택하게 하는 것이 좋다.

그때에 보내는 사람은 정신을 다음 것에 집중하기 전에 1회 송신한 후에는 영사막을 깨끗이 하고, 받는 사람 편에서도 영사막을 깨끗이 할 기회를 주어야 한다.

이렇게 하여 실험을 성공시키기 위해서는 보내는 사람과 받는 사람 사이에서 시간을 맞출 필요가 있다.

한번 실험을 시작하면 보내는 사람이나 받는 사람이나 둘 다 30분 정도로 신경의 피로가 오는 요인이 영향을 미치므로 그 정도의 시간이 적당하다.

어떤 종류의 에너지 교환이나 소비가 일어난다고 생각되기 때문이다. 그러나 받는 쪽이 보내는 쪽보다도 언제나 소모가 심하다.

이것은 아마도 마음의 다른 수준을 전부 쉬게 하고 있는 사이에 감수성을 아주 높여 둘 필요가 있기 때문일 것이다.

이제 독자는 송신과 수신을 시작할 수 있는 기초적인 지식을 가지고 있다. 바이올린이나 피아노를 치는 솜씨가 좋아진다든가 혹은 무엇인가 다른 특수기술을 향상시키기 위해서 훈련을 하듯이 연습하는 것이 좋다.

텔레파시를 하는 힘이 비교적 손쉽게 나타나는 사람도 있을 것이고, 혹은 더욱 힘을 써야 할 사람도 있을 것이다. 그러나 참고 계속 노력하고 자기의 초감각적 능력을 믿고 때를 기다리면 그 능력을 의식적으로 지배하고 감독할 수 있게 될 것임에 틀림없다.

제 5 장
예감의 계시(啓示)

1. 예감이란 무엇인가?

　예감이란 의식의 직관적 수준에서 생기는 갑작스러운 느낌이나 인상을 말한다. 무엇인가 설명할 수 없는 방법으로 초감각적 능력은 조만간에 자기 쪽을 향해 오는 사건을 미리 알고 그 사건에 대해서 경고나 지도를 하려고 한다.
　그러나 평상시의 생각과 융합되어 있으며, 현재의식이 반발하는 경향이 있기 때문에 소위 '예감'이라고 인정하기에는 곤란한 일이 많다. 우리는 오랫동안 육체의 5관이 증명하는 바에 의존하고 있었기 때문이다.
　일어날 수 있는 상태나 환경 혹은 사건을 육체적 감각의 힘은 미치지 못하는 고등 능력이 감지할 수 있다는 것을 인정한다는 것은 그렇게 쉬운 일이 아니다. 그래서 어떤 일을 해야 된다든가, 해서는 안된다든가 하는 강한 기분은 그것을 입증하지 못하든가, 또는 이해하고 있는 것 같으면서도 어딘가 모르게 믿음직스럽지 못하고 애매한 느낌이 떠나지 않으므로 무시당하는 일이 많다.
　예감이 지시하는 대로 따랐어야 했는데, 하는 것은 나중에 정작 사건이 일어났을 때에 알게 되기도 한다.
　혹은 그것은 우연히 동시에 발생한 사건으로 받아 들이는 경우도 있으리라.

제5장 예감의 계시(啓示) 119

의식의 직관 수준은 우리가 살아 가면서 직면하게 될 어떤 사건이나 경우에도 도움이 될 수 있다. 그러나 우리가 그것을 의심하고 피하려고 하기 때문에 그 초감각력이 지도하려고 하는 것을 대개는 진면직으로 혹은 부분석으로 거부해 버리는 것이다.

예감이 생명의 은인이었다

나는 다행히도 젊어서부터 직관적 지도를 신뢰하게 되었다. 만약 그렇지 않았더라면 오늘날까지 살아 있지 않았으리라고 믿어진다.

1934년에 나는 내가 쓴 《우리들은 문명인인가?》라는 제목의 각본을 영화화 하는 일을 돕기 위해서 헐리우드에 갔었다.

그때 촬영소에서 스틸 사진의 촬영기사 두 사람과 알게 되었는데, 두 사람 다 제1차 세계대전 중에는 항공병이었다.

그들은 자가용 비행기를 갖고 있었으며, 그 영화가 완성된 후에 북캘리포오니아로 함께 주말여행의 비행을 하자고 나에게 권유했다. 거대한 미국 삼나무를 보여주겠다는 것이었다.

나는 벌써 뉴욕으로 돌아가는 기차를 예약했었지만 꼭 그들의 초대에 응하고 싶었다.

캘리포오니아에 온 것은 처음이었다. 또 언제 다시 오게 될지 알 수 없었다. 그래서 이곳 경치를 좀더 구경하고 싶었다.

나의 친구들은 뉴욕에 정시에 도착할 수 있도록 비행기로 시카고로 날아가, 그 지점에서 같은 열차를 탈 수 있게 해 주겠다고 말했다.

　그런데 막 승낙하려고 했을 때 마음의 소리가 '하룻 밤 자고 생각하라!'고 말했다.

　아침이 되어 눈을 뜨자 꼭 비행기를 타고 날아가고 싶었다.

　하늘의 여행은 생각만 해도 당시로서는 정말 흐뭇한 일이었고, 흥분하지 않을 수 없었다. 마침 하늘의 여행이 발달하기 시작한 무렵이었던 것이다.

　촬영소로 갈 때는 가방을 유니언 스테이션으로 보내고 기차의 좌석예약은 취소하지 않은 채 그대로 두고, 기차가 시카고에 도착하면 그곳에서 타겠다고 철도국 사람에게 말해 두려고 생각하고 있었다.

　그런데 막상 비행가들과 마주 앉아 동행하겠다는 결심을 전하려고 했을 때 사람을 움직이는 것 같은 느낌이 마음 속 깊은 곳에서 샘물처럼 솟아 올라 마음의 소리가 이렇게 속삭이는 것이었다.

　"계획을 바꾸지 말라!……기차를 타라!……계획을 바꾸지 말라!……기차를 타라!"

　그 경고적 예고는 거역할 수 없을 정도로 강렬했고, 너무나도 뚜렷했다.

　이렇게 하여 나는 독촉을 받은 것처럼 다음과 같이 말하였다.

　"모처럼입니다만──예정대로 기차로 가기로 했습니다. 초대해 주셔서 정말 감사합니다. 언제든 기회 있을 때 다시 오겠습니다. 아마 그때는 함께 하늘의 여행을 할 수 있으리라고 생각합니다."

　나는 예정대로 기차를 탔다. 3주일 후에 내 각본의 영화제작자인 시드니 핑크와 에드윈 라시바움이 뉴욕으로 돌아왔다.

나는 그들의 회사로 가서 이 두 사람의 촬영기사가 찍은 한 세트의 스틸 사진을 보았다. 사진을 두 눈으로 쓱 쉬었을 때 시드니 핑크가 이렇게 말했다.

"해롤드씨, 기이한 일도 다 있습니다. 촬영의 마지막 날에 이 청년들은 사진을 두루마리로 한 후 미국 삼나무가 있는 지방으로 주말 여행을 떠나기 위해 비행기로 이륙했단 말입니다. 그런데 170미터 정도 날아갔을때 엔진에 고장이 생겨 비행기가 추락해서 두 사람 다 즉사했습니다."

그후 나는 장거리나 근거리를 막론하고 몇 번이나 비행기를 타고 왕래했으나 지금까지 비행기 타기를 거절한 것은 이 때 뿐이었다. 취소할까 하고 진지하게 생각해 본 경우가 이 때 말고도 또 있었으나 그때마다 심사숙고를 거듭한 후에 탔었다.

장님비행

수년 전에 로스엔젤레스 교외에서 뉴욕으로 가는 비행기 편 예약을 해 놓고 있었다. 탑승 수속을 하고 있을 때 유나이티드 에어라인의 직원이 내 몸무게를 물었다. 그래서 나는,

"수하물의 초과 중량과 함께 승객의 체중에까지 요금을 메깁니까?"

하고 농담조로 물어보았다. 직원은,

"아닙니다. 그것이 아닙니다."

라고 대답했다.

"뉴욕의 아이들와일드 비행장에 깊은 안개가 끼어 착륙상

태가 불량했을 때 체공시간을 길게 할 수 있도록 가솔린을 여유 있게 넣고 있는 중입니다."

뉴욕의 비행장 '시계(視界)가 50미터의 상태'이면 경우에 따라서는 필라델피아나 보스턴으로 갈 필요가 있으므로 이것은 그런 때에 대비한 것에 지나지 않는다는 설명이었다. 그래서 나는 언제든지 비행기에 탑승할 수 있도록 준비를 하고 게이트로 나갔다.

야간비행을 하기로 되어 있었으며, 걱정이 된 승객들은 한 곳에 모여 웅성거리며 그러한 사정에 대해서 이야기를 나누고 있었다.

승무원은 승객의 체중 일람표를 갖고 있는 한 관리의 지시에 따라 화물 중에서 몇 가지 물건을 내리고 있었다.

"기분이 좋기는 커녕 기분이 좋지 않은데."

라고 한 남자가 말했다.

"다음 비행기편을 기다리는 편이 무난하겠다."

고 하면서 그 사람은 예약을 취소해 버렸다. 그가 그렇게 결정하자, 또 다른 몇 사람도 영향을 받아 게이트에서 떠났다.

나는 혼자 차분히 생각할 수 있는 곳으로 가서 자신의 마음에 조용히 물어보았다.

"이번 비행기 편으로 가도 안전한 여행길이 될 것 같은가?"

눈을 감고 조용히 서서 직관적 회답이 나오는 것을 기다렸다. 마음 속에 안개에 덮인 뉴욕이 보이는듯 했으나 복잡한 일 없이 안개 속을 통과하여 착륙하는 느낌이 전달되어 왔다.

그렇게 느낀 순간에 나는 쓸데없는 걱정이나 불안이 나를 설득하여 비행기 탑승을 단념하지 않도록 그 느낌에 따랐다.
 한 줄로 서서 게이트에서 표를 보이고 비행기에 올라 탔다.
 아름다운 야간비행이었는데, 뉴욕까지 45분 정도 남은 거리에서, 오전 6시에서 7시 사이에 안개가 끼겠다고 예보되었던 안개 속을 들어갔다.
 한 치 앞도 분간할 수 없는 상태에서 뉴욕시의 상공에 이르기까지는 장님비행이었다.
 계기(計器) 비행으로 진입해서 극단적으로 낮게 낀 안개층을 뚫고 내려와 안전착륙을 위한 수평비행을 하기까지는 그야말로 암중모색의 꼴이었다.
 그러나 지상에 내려 온 10분 후에는 안개는 지면에 거의 스칠 정도로 내려와 시계는 제로 상태가 되었다.
 비행기의 착륙은 전부 중지되고 비행기들은 다른 도시의 비행장으로 향했다. 우리들이 로스엔젤레스를 떠나 완전히 뒤덮인 안개층을 뚫고 뉴욕 공항에 들어온 것을 마지막으로 그후 24시간은 날씨가 여전히 나빴다.
 합당한 것을 적당한 때에 하는 지도(指導)를 받을 수 있도록, 그리고 자기를 지킨다든가 사랑하는 사람들을 지키려 할 때에 알아야 할 것은 무엇이든 경고해 주는 의식의 직관 수준에 의지하는 것이 몇 년간이나 해 내려온 나의 습관이었다. 따라서 이 경우처럼 임박한 난국이나 위기에 처했을 때 나는 자주 도움을 받았다.
 여러분도 이 방법을 쓰면 얻는 바가 있을지도 모른다. 다만 마음에 통하려 하고 있는 진실한 직관적 인상에 불필요한 채색이 가해지지 않게 하기 위해서는 쓸데없는 근심이나 불안을 억제하고 처리하는 훈련이 필요하다.

참다운 인상에 있어서의 느낌은 걱정이라든가 불안한 생각과는 다르며, 이에 숙달되면 이들 다른 느낌을 구별하고 참다운 예감이 나타날 때 그것을 깨달을 수가 있을 것이다.

그리고 또 그 예감에 따라 행동할 수 있는 용기나 결심이 몸에 배이도록 단련하지 않으면 안된다. 이것이 제일 어려운 단계이다.

"지금 무엇인가 하고 싶은 기분이 든다."(경우에 따라서는 아무래도 내키지 않는다.)

라고 침착하게 말하면 친구나 가족들에게 놀림을 당한다든가 비웃음을 받는 일이 때때로 있을지도 모른다. 예감을 설명한다든가 그것을 지지한다든가 하는 것은 여간해서는 할 수 없는 일이다.

참다운 예감이라면 시간이 그것을 증명해 준다. 그런데 시간적으로나 공간적으로 물질계를 초월하는 일을 취급하기 위해 예감을 판단한다든가 그에 대한 태도를 결정하는 일은 예감을 받고 있는 당사자 이외에는 아무도 할 수 없다. 예감이 정확하지 못한 경우도 있을지 모른다.

다음에 내 자신의 경험에서 그러한 실례를 한 가지 들어보기로 하겠다. 그것은 다른 기회의 비행에 관한 일이다.

항공기 사고를 감지하다

나는 로스엔젤레스에서 샌프란시스코로 가는 오후의 항공편을 예약해 두었다. 그날 밤에 그곳에서 강연할 예정이었다.

좌석의 안전 벨트로 몸을 묶고 이륙 준비를 끝낸 순간, 비행중에 엔진 하나가 발화할 것 같은 인상을 받았다. 그와 같

제5장 예감의 계시(啓示)

은 사건이 승객들에게 일어날 듯한 공포와 흥분이 마음의 눈에 비쳤다. 그리고 막바지에 가서 비행기에서 내려 만일의 치명적인 추락을 모면할 수 있도록 이 인상이 주어진 것인가 하고 생각했다.

그런데 그 인상을 마음 속에서 돌이켜 보았더니 어떠한 사태에 처하게 되더라도 나 자신에는 아무런 위해도 없을 것 같은 느낌이 들었다.

불안스럽던 마음은 곧 사라지고 안심하고 깊숙이 좌석에 앉았다. 만사 나무랄 데 없는 비행을 계속하여 계속 샌프란시스코를 향해서 날고 있었는데, 당초의 퍽 불안했던 느낌이 되돌아 왔다.

이번에는 비행기의 엔진이 발화하는 사고가 목전에 다가와 있는 것 같은 느낌이었다.

좌석에서 일어나 화장실을 향해 앞으로 걸어나가 안으로 들어가 잘 보이는 곳에서 두 개의 엔진을 관찰했다.

엔진은 순조롭게 움직이고 있었다. 아무 일도 없었으므로 통로를 횡단하여 다른 화장실로 들어가 그쪽 엔진을 관찰해 보고 싶은 생각이 들었다.

그런데 그 화장실은 사용중이었다. 그래서 잠시 통로에 서서 기다려 보았다가 굉장히 불안했던 느낌은 사라졌으므로 좌석으로 돌아와 앉았다.

샌프란시스코까지의 비행을 끝내고 그동안 아무런 사건도 일어나지 않았으나 웬일인지 마음 속에서는 매우 걱정스러웠다.

그 인상은 내가 받았던 다른 많은 인상의 어느 것에 비해서도 틀림없는 진짜라는 느낌이었다.

그런데 어째서 맞지 않았을까? 아침이 되어 신문이 배달됨으로써 비로소 그 답을 알게 되었다. 샌프란시스코 이그자미너지의 지면 가득히 이런 표제가 실려 있었다.

〈패시픽 에어라인기, 로스엔젤레스에서 샌프란시스코로 향하는 도중에 추락—— 공중에서 엔진이 발화—— 사망 2명 부상 7명!〉

이제 나의 인상에 대한 설명이 나왔다. 이 비행기는 내가 탄 비행기가 이륙한 후 그 뒤를 이어서 샌프란시스코를 향해 이륙했었다.

초감각적 능력이 나를 지키려고 노력하는 사이에 같은 목적지를 향해서 날으는 비행기의 엔진에 막 일어나려고 하는 사건의 인상을 웬 일인지 모르지만 포착하게 된 것이다.

같은 일이 병행해서 일어났기 때문에 두 대의 비행기를 의식해서 구별할 수 없었던 것이다. 그러나 다른 사람들은 모르지만 나만은 틀림없이 안전하다고 마음 속에서 느끼고, 더구나 이 인상은 그대로 비행기를 타고 갈 마음이 들 만큼 강했었다.

사고가 임박해 있다는 기분이 들었던 바로 그때 패시픽 에어라인기는 현실적으로 고장을 일으키고 있었으며, 불시착하려고 하고 있었다.

일단 이 사건이 과거의 것이 되어 그것과의 관련이 없어지자 한 시름 놓은 기분이었다.

사람은 누구든지 의식에 적당한 암시를 심어 두면, 인생의 여하한 분야에 있어서도 직관을 자신을 위해 작용하도록 만들 수 있다. 일단 그렇게 해 버리고 나면 시간이 아무리 경과해도 상관 없다.

초감각적 능력은 지시받은 대로 제 구실을 다 한다. 내가 말하고 있는 것은 다음과 같은 나의 체험으로 설명되리라고 믿는다.

2. 도둑을 조심하라!

얼마 전에 만화가인 찰즈 포오벨과 그의 부인이 우리가 사는 뉴욕의 아파트로 놀러 온 일이 있었다. 그들이 한밤중이 되어 돌아갈 때 찰즈씨는 밖에 세워 두웠던 자동차 문을 도둑이 비틀어 열고 그날 양복점에서 갓 찾은 새 양복을 훔쳐 간 사실을 알게 되었다.

이 사건에 대하여 그날 밤에 묵상하고, 더구나 그 일을 가슴아프게 느껴 나는 잠재의식에 이렇게 암시했다.

누구든 내 물건을 훔쳐 가려고 할 때에는 반드시 절도방지를 할 수 있게끔 미리 느껴야 한다!

잠재의식이 그것을 포착한 듯한 생각이 들 때까지 이 암시를 되풀이 했다. 그리고 그 일은 그 이상 깊이 의식해서 염두에 두지 않았다.

1년 이상의 세월이 다시 흘렀다. 나는 이스트 44번가에 몇 개의 사무실이 있는 세이빙즈 뱅크 저어널지(紙)의 편집주간이 되어 있었다.

어느 날 밤 발행자인 밀턴 해리슨으로부터 번화가에서 식사를 들면서 일에 대한 상의를 하자는 청을 들었다.

나는 엘리베이터에 타려고 했다가 별다른 뜻도 없이 사무실로 되돌아 가서 잡지의 최신호 한 권을 겨울 외투 안 주머니에 넣었다.
　나는 언제나 하던 버릇대로 두 권을 철해서 보관해 두었으므로 이 책은 사실상 필요가 없는 것이었다.——그러나 역시 몰아 세우는 듯한 충동에 따랐다.
　나의 외투는 비슷한 것이 얼마든지 있는 평범하고 수수한 것이었다.
　나는 외투를 우리들이 앉아 있는 테이블에서 15미터 정도 떨어진 곳에 있는 스타우퍼 레스토랑의 외투걸이에 걸었다. 식사중 해리슨씨와 활발하게 이야기를 나누었다.
　우리가 이야기하고 있는 중에 갑자기 마음의 소리가,
　"빨리! 저 사나이가 너의 외투를 갖고 간다!"
　라고 했다.
　한 사나이가 외투를 옷걸이에서 벗겨 들고 카운터 쪽을 향해 걸어가면서 막 입으려고 하는 바로 그때에 나는 외투걸이가 있는 쪽을 돌아보았다.
　외투가 약 20개 정도 걸려 있었고, 그 대부분이 멀리서 보는 관계로 나의 것인 것 같았다. 그러나 그때 이미 나는 예감에 따르는 훈련이 되어 있었으므로 무의식중에 일어나 테이블 사이를 헤쳐 나가고 있었다.
　걸어가고 있는 도중에 현재의식이 스스로 목을 치켜 올리기 시작했다.
　"신중히 하라!"
　고 주의해 주었다.
　"만약 이 사나이에게 외투를 훔친 죄를 씌웠다가 그렇지 않을 경우에는 골치아픈 문제가 발생할지도 모른다."
　이 경고를 마음의 느낌과 잘 비교해 보았더니 마음의 느낌이 만난(萬難)을 배제하고 전해 왔다.

내가 카운터에 접근했을 때, 그 사나이는 외투의 단추를 모두 잠그고 식사대를 지불하고 있는 중이었다. 나는 그 사나이의 어깨를 툭 치면서 이렇게 말해 주었다.
"실례합니다만, 틀림없이 제 외투를 입고 계시는군요!"
그 사나이는 반항하는 몸짓을 하면서 뒤로 물러섰다.
"잘못 아셨군, 그렇지 않소!"
즉석에서 마음의 여세로 외투깃을 뒤집어 꺾인 곳을 잡고 외투를 젖혔다. 세이빙즈 뱅크 저널지가 안에 들어 있었다.
"죄송합니다만, 정말 제 외투인데요."
깊이 사죄하고 사나이는 외투를 벗어 나에게 건네 주었다.
"아아, 이거 정말, 내 것과 똑같은 바람에……."
라고 말하면서 마치 자기 외투를 가지러 가는 것처럼 외투 걸이가 있는 쪽으로 몇 발자국 가는가 하더니 갑자기 입구를 향해 달려가더니 식당에서 뛰쳐 나가 버렸다.
식당 지배인은 내가 잘 알고 있는 사람이었는데, 그가 곧 달려 왔다.
"저 친구가 외투를 훔쳐가려고 했었습니까?"
라고 묻더니,
"요 이틀 사이에 여기서 외투를 여섯 벌이나 도둑맞았습니다."
다음 날 스타우퍼 레스토랑의 전 테이블에 '외투를 조심하십시요'라는 주의서가 놓이게 되었다.
그러면 이제부터 이 의식의 직관적 수준이 한 활동을 나와 함께 검토해 주기 바란다.
누군가가 내 물건을 훔치려고 할 때에는 반드시 그것을 방지할 수 있도록 감지하라는 암시를 1년 이상이나 전에 받고 있었으므로 초감각적 능력이 계속 파수병 노릇을 하고 있었던 것이다.

누군가가 내 외투를 훔치려고 할 때가 가까워졌다는 것을 알아차리고 구태어 세이빙즈 뱅크 저어널지를 안주머니에 넣게 하였다가 외투의 소유자를 한 눈에 판별할 수 있도록 한 것이 분명하다.

일의 상담을 위해 그 잡지를 가지고 간 것이 아니라 외투 주머니에 넣은 채 그냥 두었다는 점에 주목해 주기 바란다.

도난을 당할지도 모른다는 따위의 걱정은 조금도 하지 않고 몇 번이나 많은 사람들이 있는 장소에서 여러 가지 외투걸이에 걸어 놓았었는데, 그 경우 나는 외투에 대해서는 조금도 신경을 쓰지 않고 있었다.

그러나 외투를 훔치려고 노리고 있던 이 사나이가 내 외투에 손을 댄 순간 해리슨씨와 한참 이야기를 하고 있던 중이었음에도 불구하고 초감각적 능력이 확실한 경고를 보내 준 것이다.

초감각적 능력을 잘못 지도하여, 따라서 잘못된 결과를 얻는 사람이 많다. 언젠가는 도난의 피해자가 될 것이라고 걱정하고, 그런 일을 강하게 마음에 떠 올린다는 것은 마음의 고등 능력에게 그런 사건이 언젠가 일어나도록 명령하는 것과 같다.

그러한 사정 아래서는 이전의 지시에 따라 그처럼 명확한 경고를 보내 주지 않았을 것이다.

토머스 에디슨은 다음과 같이 말했다고 한다.

"인간은 정신 능력의 1%의 10분의 1밖에는 쓰지 않고 있다."

틀림없이 인간은 아직까지는 자기 자신의 의식의 깊이와 가능성을 찾아 내고 있지 않다. 일상생활에서 한층 더 많은 지도와 보호에 의지할 수 있을 정도로 초감각적 능력에 대한 지배력을 발달시킨 사람이 적다는 것은 확실하나.

　그러나 긴급사태에 처했을 때에 도움이 되도록 직관에 지시할 수 없다고는 할 수 없다. 그것이 가능할 수 있는 한 가지 방법을 다음에 들어 보기로 하겠다.

3. 교통 사고로부터 구제받다

내가 뉴욕에 살고 있었을 때, 밖에 일을 보러 다닐 때에는 거의 택시를 이용하고 있었다. 그리고 교통상태가 나빴기 때문에 언제나 사고가 일어날 염려가 있었다.

위기일발이라고도 할 수 있는 아슬아슬했던 일도 몇 번 있었으므로 만에 하나라도 사고에 직면했을 경우에는 곧 충동적으로 적당한 조치를 취하라고 암시로 마음에 명령을 내리기로 결심했다.

수개월 후에 일에 대한 회합에 나갈 약속이 되어 있어서 급히 그리로 갈 필요가 있었다.

"어이, 택시!"

하고 큰 소리로 택시를 불렀다.

나를 태운 택시는 124번통의 5번가 가까이로 가고 있었다. 그리고 나는 차의 좌측에 앉아 있었는데 바로 그때 반대쪽으로 자리를 옮기라고 마음속으로 맹렬히 나를 몰아세웠다.

그래서 그대로 옮겨 앉은 찰라에 택시 운전사는 5번가 건너편으로 차를 돌진시켜 가로등을 박고 말았다.

그 순간 나는 한 대의 낡은 세단형 자동차와 충돌할 뻔했었다는 것을 알게 되었다. 나중에 알고 보니 그 차는 무거운 연관(鉛管)을 가득 싣고 있었다.

나는 처음에 자동차 문 옆에 있는 가죽 손잡이를 꽉 쥐고 가까와지는 충격에 대비하는 자세를 취하고 싶은 충동에 강하게 사로잡혔다.

그런데 가죽 손잡이를 쥐자마자 마음의 소리가 '손잡이를 놓아라!'라고 명령했다. 그때부터 무엇인가 나의 내부에 있는 것이 인계를 받아 두 팔을 열십자로 끼고 얼굴과 머리에 대고 무릎을 굽혀 몸을 지키게 했다.

그렇게 한 순간 차의 한쪽이 세차게 부딪치고 택시는 공중으로 쳐 올려졌다. 최초로 충돌하여 거리 저쪽에 서 있는 전주에 부딪쳤을 때, 나는 한 바퀴 돌아 미끄러짐과 동시에 등을 차의 지붕에 대고 십자모양으로 낀 팔을 통해서 바닥을 올려다보고 있었다.

택시는 옆으로 쾅하고 나뒹굴어 멈추고, 내 몸 위에 시이트 하나가 반쯤 얹혀져 산산이 부서진 유리조각을 뒤집어 쓴 채 나의 몸을 옆으로 눕히고 있었다.——오른쪽 팔꿈치의 탈구(脫臼), 머리의 혹만으로 그쳤다.

택시 운전사는 충돌한다는 것을 알자, 핸들 밑으로 몸을 굽혀 들어갔다가 나왔는데, 쇄골(鎖骨)이 부러져 있었다.

내가 차에서 끌어 내려졌을 때 살아 있을 뿐 아니라 택시에서 빠져 나오려고만 했다면 빠져 나올 수도 있는 상태에 있었다는 것을 본 사람들은 모두 놀랐다.

나중에 보험회사 사원이 어째서 가죽 손잡이를 쥐지 않았느냐고 물었다. 같은 개인기록에 의하면 손잡이를 쥐는 사람이 많다는 것이다. 그렇게 하면 안된다고 뼈저리게 느끼고, 그 대신 공처럼 몸을 둥글게 했다고 하는 이외에 더 말을 할 수가 없었다.

"그것은 퍽 흥미있는 일입니다."

라고 보험회사 사람은 말했다.
"적절한 조치를 본능적으로 하셨군요. 저희들은 기록을 보면, 사고가 일어났을 때 손잡이를 쥐고 몸을 굳히고 있었기 때문에 결과적으로 뇌진탕이나 골절, 그리고 중증의 내부 상해를 일으킨 분이 많습니다. 대부분의 경우 택시의 손해는 그다지 심하지 않은데 손님이 중상을 입거나 사망하고 있습니다."
지금은 택시 안에 가죽 손잡이가 없는데, 틀림없이 그것은 가죽 손잡이가 필요한 것이 아니라 오히려 위험하다고 생각했기 때문일 것이다.
수도 워싱턴에 있는 육군 대령인 모스라는 친구가 수년 후에 뉴욕으로 여행중 손잡이에 매달려 있다가 택시 사고로 즉사했는데, 나만 혼자 살아 남은 것을 지금 와서 곰곰히 생각해본다.
이것이 사고를 당하여 우연히 올바른 조치를 취했음에 불과하다고 생각할지도 모르므로 또 한 가지 체험을 더 소개해 두기로 하겠다.
이것도 택시를 탔을 때의 이야기인데, 차가 달리고 있는 사이에 엔진이 점점 급해져 부릉 부릉하는 소리를 내며 하마터면 멎을뻔 했다.
운전사가 애가 타서 공기의 흡입을 조절하는 장치인 초오크를 움직이자, 연기가 뭉게뭉게 나오면서 계속 달렸다. 엔진의 분해 소제를 할 필요가 있을 정도로 낡은 택시에 타도 이런 일은 좀처럼 본 일이 없었다.
그런데 이번에는 다시 기관 상태가 나빠지기 시작하였으므로 곧 걱정이 되었다. 마음 깊은 곳에서 어떤 소리가,
"이 택시에서 내리십시요, 빨리!"

라고 말하는 것이었다.
나는 운전사에게 이렇게 말했다.
"기사 양반, 차를 보도 옆으로 대어 주십시오. 다른 택시를 타겠습니다."
이 말에 운전사는,
"곧 상태가 좋아집니다."
라고 말했다. 하지만 역시 엔진은 소리를 내면서 열을 내고 있었다.
"차를 세워 주시오!"
아주 절박해졌으므로 나는 강하게 말했다.
그는 차를 보도쪽으로 꺾기는 했지만 그래도 역시 반대하고 있었다. 나는 차의 문을 급히 열고 뛰어 내렸다. 내린 순간에 택시는 폭발하여 불꽃에 싸였다.
운전사는 반대 쪽으로 무사히 뛰어 나왔고, 둘이서 차가 불꽃에 싸여 연소 되는 것을 바라보고 있었다.
소방차가 도착하자,
"손님께서 차를 세우라고 하셔서 정말 살았습니다."
직관을 무시한다든가 혹은 자기 자신을 위해서 알아 둘 필요가 있는 것을 직관이 알아차리게 하려고 하는 데도 인정하지 않는 때가 있을지도 모른다. 그러나 나를 위해서 쓸모가 있었다는 증거가 수없이 많이 있으므로 나는 직관이 좀더 훌륭하게 실연하는 것을 응원하려고 늘 노력을 기울이고 있다.
직관의 도움을 받을 수 있는 인생 분야가 또 있다. 그것은 내가 행동시간을 일치시키는 능력이라고 부르고 있는 부류에 속하는 것이다.
당연한 때에 당연한 장소에 있으면서 당연한 일을 한다는 것을 배우지 못했기 때문에 많은 사람들이 막대한 에너지를

제5장 예감의 계시(啓示)

매일같이 허비하고 있다.

　이것은 어려운 주문처럼 보일지도 모르지만, 중요한 일이라고 생각한다. 그러나 매일의 활동을 마음 속에서 준비하고 의식의 직관적 수준의 협력을 얻는다는 것이 얼마나 멋있는 일인가를 알고 있는 사람은 거의 없다. 그 일에 대해서는 또 하나의 실례를 들어 설명해 보고 싶다.

기이한 만남

　꽤 오래 전의 일인데, 뉴욕에 일이 있어 여행했을 때, 옛날에 훌륭했던 희가극의 주연 배우인 고(故) 프레드 스토운의 외동딸 포오라 스토운과 연락을 취할 필요가 있었다.

　그런데 그 여자의 결혼 후의 이름을 잊어 버리고 말았다. 더구나 그 여자의 이름은 전화번호부에도 나와 있지 않았다.

　런던에 가 있다고 전해지고 있었는데, 무슨 이유에서인지 아직도 뉴욕에 있는 것 같은 생각이 들었다.

　매일 밤 나는 다음 날 만나야 될 업무상의 약속을 애스터 호텔 방에서 검토하면서 2, 3일 동안 그곳에 체재하고 있는 사이에 언젠가 포오라와 우연히 만나고 있는 장면을 마음에 그렸다.

　체재 일정은 하루밖에는 남지 않았다. 그런데도 여전히 그 여자와 만나지 못하고 있었다.

　체재 마지막 날 정오에 나의 출판회사 프렌티스 홀의 편집부원 크리스티씨가 약속된 오찬 시간에 조금 늦겠다고 전화를 걸어 왔다.

　애스터 호텔 대식당의 예약을 해 두었었는데 크리스티씨는 1시간 반이나 늦게 도착했다.

그러자 웨이터는 변명을 하면서 내가 예약한 테이블을 다른 사람에게 돌렸으면 좋겠냐고 했다. 아직도 나란히 서서 기다리고 있는 손님이 있었다.

그러나 조금 떨어진 좀 낮은 2층으로 되어 있는 칵테일 룸에 곧 이용할 수 있는 빈 테이블이 하나 있었다.

그 당시 나는 술을 마시지 않았으므로 보통은 칵테일 룸 같은 데에는 좀처럼 얼굴을 내미는 일이 없었다. 그러자 크리스티씨에게나 또 나에게나 시간이 귀중했다.

그래서 나는 기꺼이 그 테이블에 앉기로 했다. 앉자마자 매혹적인 젊은 부인이 구석 테이블에서 큰 소리로 부르더니 이쪽을 향해 달려오는 것이었다.

"해롤드 셔어먼씨!──당신은 뉴욕에서 무엇을 하고 계십니까?"

마이켈 스토운──나에게 있어서는 포오라 스토운이었다.

포오라 스토운은 막 칵텔 룸에 도착한 참이었다. 마음에 그렸던 일이 실현된 것이다. 잠재의식의 수준에서, 그것은 명확하게 설명할 수 없으나 자신의 행동을 그 여자에게 맞추어 적절한 장소로, 적당한 시각에 가서 만날 수 있었던 것이다.

어쨌든 이런 일이 진행되기 위해서는 그만한 조건이 있다. 크리스티씨가 오찬의 약속 시간을 그대로 지켰더라면 우리들은 대식당에서 식사를 하고, 포오라가 칵테일 룸에 도착했을 때에는 이미 그곳을 나와 있었을 것이다.

크리스티씨가 1시간 이상이나 늦게 온 일이 예약한 대식당에서 식사를 할 수 없게 하고, 포오라가 그때 있었던 장소에 들어가게 했던 것이다.

나는 이제까지의 세월을 통하여 몇 번이나 이 방법을 써서 자기의 행동시간을 그런 일에 일치시킬 수 있었다. 그렇기 때문에 나의 계획이 제대로 진행되지 않을 때에도 당황하지 않게 되었다.

  내가 생각하는 방법으로서는 만사가 적절한 때에 바라는 대로 해결되려고 하고 있으며——대개는 해결되고 있는 것이다.

4. 무엇이 나를 인도했는가?

 이와 같이 시간을 일치시킨다고 하는 현상의 또 하나의 현저한 예가 헐리우드에서 일어났다. 당시 영 앤드 루비컴 광고 대리점의 기획부장 나트 울프에게 제출하고 싶었던 텔레비젼 쇼의 착상이 있었다.
 그의 회사 본점은 뉴욕에 있었고, 15년쯤 전에 친밀한 사이가 되었는데, 그 후에는 만나지 못하고 있었다.
 그가 3일간의 출장으로 헐리우드로 온다는 것을 업계 신문에서 알고, 도착하면 만날 약속을 하기 위해서 헐리우드에 있는 영 앤드 루비컴 회사 사무실로 전화를 걸었다.
 전화를 받은 비서의 말에 의하면, 제일 좋은 방법은 뉴욕으로 돌아가는 비행기 안에서 그 대본을 읽고 또 거기에서 나에게 회답을 쓸 수 있도록 내가 쓴 대본을 그의 서류 가방 속에 넣는 것이었다.
 도착 예정일에 원고를 보내겠다고 비서에게 약속했다. 그런데 어쨌든 내 자신이 나트 울프와 직접 어딘가에서 만나고 있는 것을 마음 속에 그렸다.
 그가 헐리우드에 와 있는 날에 영 앤드 루비컴 회사의 사무실로 나가는 정확한 시간에 대한 예감을 기다리면서 아파트의 일로 바쁘게 움직이고 있었다.

제5장 예감의 계시(啓示) 141

　오후 3시 무렵이 될 때까지 이 몰아세우는 듯한 느낌은 마음 속에 나타나지 않았다.
　얼마 후 몰아세우는 듯한 기분이 들었을 때 모든 것을 다 버린 채 그 주소로 급히 갔다. 여기서 기다려도 좋다면 다음 사람과의 약속 시간까지 나트 울프씨와 만나서 옛날을 잊지 않도록 악수라도 하고 싶습니다, 라고 부탁해 보았다.
　"정말 안됐습니다만, 지금 부장님은 약속에 30분 이상이나 늦고 있습니다. 그리고 오늘 밤 7시에 출발하는 샌프란시스코행 비행기를 타셔야 합니다. 그렇지만 약속드린 일은 해 드리겠습니다. 셔어먼씨, 대본을 부장님께서 갖고 돌아가시도록 하겠습니다."
　라고 비서가 말했다.
　그래서 겨우 대본 꾸러미를 건네 주고 사의를 표한 후, 그 자리를 떠나는 것이 고작이었다. 그러나 나는 나트를 만나는 일을 단념하지 않았다. 더구나 만난다고 하는 영상을 마음에 품은 채 놓지 않았다.
　헐리우드와 바인 거리의 길 모퉁이까지 왔을 때, 잠시 발을 멈추고,
　"자 그러면 다음에는 무엇을 한다?"
　하고 자신의 가슴에 물었다.
　"길을 건너 친구인 데이브 다이닝이 혼자서 경영하고 있는 이발소로 들어가서 시간을 빈둥빈둥 보내십시오."
　라는 회답이 나왔다. 먼저 온 두 사람의 손님이 있었고, 한 사람은 막 의자에 앉은 참이었는데 지장이 없다면 기다리고 있어도 좋다고 데이브가 말했다.
　"암, 기다리지!"
　라고 나는 대답하고 의자에 걸터 앉아서 잡지를 손에 들었

다. 4시 반이 되어서야 겨우 이발을 시작할 수 있었다. 나트 울프의 일이 내내 머리에서 떠나지 않았다. 그리고 마음 속으로부터의 지시를 기대해 보았으나 아무 것도 나타나지 않았다.

이런 종류의 예감을 받을 때에는 꼭 믿고 받아 들여서 실행을 촉구하고 있다고 생각되는 것을 의심치 않고 수행하지 않으면 안된다.

머리를 깎을 필요는 별로 없었으나 그래도 의자에 앉았다.
"자 나가 보십시요."
라고 하는 강한 충동을 받았을 때, 데이브는 내 머리의 조발을 대충 끝내고 있었다.
"미안하지만 데이브."
라고 말했다.
"잊고 있었던 중요한 약속을 지금 생각해 냈네, 가 보지 않으면 안되겠어."

조금만 더 하면 끝난다고 했으나 '시간이 없으니까 안되겠네' 하고는 돈을 치른 후 그 이발소를 급히 나왔다. 그러자 바인 거리에서 나트 울프와 딱 마주쳤다.

나트는 대리점의 지배인과 함께였으며, 공항으로 나가기 전에 급히 커피 한 잔을 마시려고 서류 가방을 든 채 브라운 더어비 레스토랑으로 가는 길이었다.

지장이 없다면 같이 가는 게 어떻겠느냐고 권유해 주었고, 20분 정도 이야기를 나눌 수 있었다.

이러한 경험담을 듣고 내가 초감각적 능력의 작용을 이처럼 신뢰하는 것을 이상하게 생각할지도 모른다. 이 초감각력을 활동시키는 기본적인 방법은——설령 어떻게 쓰이든간에——언제든지 앞에서 말한 대로임을 기억해 주기 바란다.

제 6 장
미래를 알 수 있다

1. 마음은 시간을 초월하여

　초감각적 지각의 모든 형태 중에서 가장 불가해한 것은 예지(豫知)의 형태로 나타나는 것이다.
　즉, 미래에 일어나는 사건을 알아차린다든가, 또는 예지할 수 있다고 하는 것이다. 정직하게 말해서 마음가짐이나 습관의 형(型)을 알고 있는 개인의 극히 당연한 행위나 행동에 대한 예언이라면 특별히 내 세워 말할 것까지도 없다.
　그러나 사람이 의식조차도 하지 않고 있으며, 누구도 다른 사람의 마음에 들어가 있지 않을 경우가 많은 상태라든가 환경을 포함한 사건을 사전에 마음이 감지한다는 것은 이제까지의 과학이나 확률의 모든 법칙을 동원해서 어려울 것이다.
　절박한 사건을 예감한다든가 하는 따위는 우연이라든가 동시 발생하는 것으로 설명을 어물어물해 버리기 쉬운 일이지만, 그럼에도 불구하고 많은 과학자가 당황하는 것은 신비적인 예지능력이 너무나도 두드러져서 그러한 설명만으로는 우연한 일이라도 덮어 버리지 못하기 때문이다.

　휴버트 윌킨즈 경과의 초감각상의 실험중, 그에게 정신을 집중함에 따라 먼저 진행하여 마음에 비쳤다고 생각되며, 아

제6장 미래를 알 수 있다   145

직 일어나고 있지는 않으나 어쨌든 일어날 운명에 있는 것 같은 사건이 흘끗 마음에 보이는 때가 몇 번이나 있었다.
　1938년 1월 27일에 윌킨즈씨의 비행기에 달려 있는 발동기의 크랭크실(가솔린을 폭발시켜서 얻은 동력을 전하는 내연기관실)이 고장이 날 것 같은 인상을 기록했던 일이 생각난다.
　2월 6일에 이것이 사실로서 나타났던 것인데, 그때 윌킨즈씨는 일기에 다음과 같이 기록하고 있다.

　〈크랭크실에서 중대한 고장이 생겼다.──한 엔진의 주요 축받이가 마멸되었다. 1월 15일 이래 거기에서 무엇인가가 고장을 일으키고 있었던 것이 틀림없다. 이런 고장이 공중에서 일어났더라면 아마 비행기 추락사고가 일어나서 목숨을 잃은 결과가 되었을지도 모른다.〉

　다른 때의 일인데, 1938년 3월 7일 밤에는 나는 1월 12일 아침까지는 윌킨즈씨가 경험할 리가 없는 체험을 정확하게 묘사했는데, 다음과 같이 기록했던 것이다.

　〈빈틈 없이 깎인 것 같이 명치나 태양신경총(太陽神經叢)에서 이상한 느낌이 든다……당신, 즉 윌킨즈씨는 무엇인가를 걱정하고 있다……순간적인 환영(幻影), 당신의 얼굴……비행기의 활동에 주의를 집중한 것 같은 긴장된 표정……이륙하여 어느 지점에 불시착했거나 되돌아 온 것 같다……비행기는 정지(靜止)하고 있다……눈이나 진눈개비가 내리는 날씨……기체를 내리치듯 내리고 있는 것 같다……비행기의 꼬리 날개 부분이 땅에 부딪치며 착륙해서 부서졌는가? ……기체 뒷부분에서 무슨 작업을 하고 있는 것이 보인다.〉

2월 12일 아침 윌킨즈씨는 다음과 같은 기사를 뉴욕 타임즈지에 보내 왔다. 〈행방불명이 된 소련 비행사를 찾아 내려는 노력을 계속하는 사이에 오늘의 변덕스런 날씨 덕분에 우리들의 비행기는 두번째 사고를 일으켰다. 오늘 아침 6시까지는 맑게 개어 있었다. 그러나 이륙해서 얼마 안 되어 뇌운(雷雲)에 못지 않은 시커멓고 갑작스런 돌풍이 눈을 몰아와 우리를 둘러쌌다. 그리고 기체에 눈이 붙고 '얼음으로 뒤덮이는' 것이 두려워 최선을 다해 불시착했다.

조종사 허버트 호리크켄얀은 가솔린 1,200 갤런과 장비 등 무거운 짐을 싣고 안전착륙을 훌륭히 성공시켰다. 그러나 출발지점을 향해 지면에 거의 스칠 정도로 날아서 되돌아 올 때, 눈이 단단하게 그리고 길고 가느다랗게 수북히 쌓인 부분에 기체가 닿아서 꼬리 날개의 작은 날개가 동체에서 떨어져 나가 버렸다.

손으로 만든 소형 썰매를 타고 비행기와 주요 기지와의 사이를 날듯이 왕복하고 있는 A·T·다인과 S·A·치이즈먼 기관사가 재빨리 주시를 시작했으며, 철야 작업으로 내일까지는 완전히 고칠 예정이다.〉

나의 마음이 어떤 방법으로 윌킨즈씨의 비행기에 일어난 사고 두 가지를 그것도 어느 경우나 실제로 일어나기 수일 전에 감지했었다고 하는 결정적인 증거가 이 안에 있다.

이야기가 여기까지 오면 나뿐만 아니라 누구나 다 이상하다고 생각할 것이다.

이들 사고는 일어나게끔 운명지어져 있었다는 말인가? 사이에 끼어 들어 그것을 방해하는 것은 과연 아무 것도 없었

제6장 미래를 알 수 있다 147

던가?

내가 인상을 받았을 때는 앞으로 일어날 사건들의 원인이 이미 현실적으로 생기고 있고, 그것이 다른 차원에서 구체화되어 있는 것을 나의 마음이 이에 '파장을 맞추었다'는 말인가?

우리들이 지금 알고 있는 것은 우리들 각자를 위해서 미래가 어떤 형태로든 존재한다는 것, 일정한 연속적인 사건이 지금 이때부터 계속해서 일어나려 하고 있다는 것이다.── 죽음에 이르기까지── 어쩌면 더 훨씬 먼 저쪽까지── 성질에 있어서 무한하며, 몇 백만년 그리고 몇 십억년에 걸쳐서 ── 상상조차 할 수 없는 숫자의 일련의 사건이 우리 하나하나의 탄생을 인도해 온 것만은 확실하다.

이렇게 생각해 보면 우연히 일어나는 일은 하나도 없다. 우주는 인과관계의 규칙에 따르고 있다. 아무리 하찮고 무의미한 것이라도 그 배후에는 원인이 있는 것이다.

윌킨즈씨 자신도 크랭크실에서 '마멸'한 축받이의 주석(註釋)에, '고장은 1월 15일부터 내내 일어나고 있었음에 틀림없다'고 하는 말을 넌즈시 비치고 있다. 그러나 사고의 형태로 나타날 때까지 이 고장을 알고 있었던 사람은 한 사람도 없었다.

내 마음이 크랭크실의 상태가 나쁜 것을 예지하기에는 무엇인가 다른 지성체를 거쳐 이 지식을 손에 넣을 필요가 있었다.

나는 자신이 설명할 수 없는 방법으로 1월 27일 밤의 위험한 상태를 알아차리게 되었다.

이 인과관계로부터 시작하여 컴퓨터처럼 작용하는 마음의 어떤 초감각적 능력이 지금의 원인을 최종적인 결과로 전진시켜 미리 경고를 해 준 것이다.

　지금 말한 것은 전세(前世)로부터의 약속이나 운명을 가리키는 것인가, 하고 독자들은 추측할지도 모른다. 그런데 그렇게 해석할 수 있다고 하더라도 그에 대해 반론을 편다는 것은 쉬운 일이다.

　정비사가 발동기를 점검해 보고, 파손된 축받이를 발견하고, 부품 교환을 했었다면 인과관계를 즉시 바꾸어 버리고, 나의 마음이 이전의 인과관계를 토대로 감지한 사고는 일어나지 않았을 것이다.

　마찬가지로 윌킨즈씨가 비행기의 출발시간을 변경했었더라면 기상상태는 틀림없이 달라졌을 것이고, 내가 예견했던 사건은 제거되어 있었을 것이다.

　그런데 인과관계를 새롭게 바꾸지 않았으므로 감지하고 있던 결과가 그대로 나타난 것이었다.

　육체의 5관에 인정되는 결과로서 실현되기 전에 인과관계가 변하는 경우를 생각한다면 많은 '예언자'의 예언이 맞지 않는다는 것에 대해서도 설명이 된다.

　그들이 참다운 초감각적 능력을 갖고 있다면 어떤 사람에게 조만간 일어날 사건을 꼭 그때 있었던 인과관계를 바탕으로 하여 아마도 정확히 알아차리게 될 것이다.

　그러나 예언한 후에 다른 영향력에 의해서 인과관계가 바뀌고, 예언한 사건을 바꾸거나 소멸시켜 버릴지도 모른다.

　소위 신비가나 예언자는 나중에 사실로 나타난 세계의 사건을 기회 있을 때마다 어떤 조짐에 의해서 예언했다. 이러한 경우 집단의 의식은 견고하며, 영속성이 있으므로 근본적인 인과관계를 강력하게 지속하게 되는 결과를 가져오기 쉽다.

설사 이를 변화시키려는 힘이 작용해도 작은 힘은 이러한 집안 의식에 압도되든가 옆으로 추방당하고 만다. 이렇게 하여 예언한 대로의 사건이 일어난 것이다.

그래서 인류 연구가는 '역사는 되풀이 하는 경향이 있나'고 말했지만, 다른 표현을 한다면 '인류는 생각이나 관습을 개선하지 않으면 똑 같은 불행을 몇 번이라도 계속 초래한다'라고 말할 수 있다.

2. 모든 것에 있는 지성체(知性體)

생물이나 무생물이나 만물에는 일종의 지성체가 존재하고, 감수성이 예민해진 사람이 이러한 각양각색의 지성체와 상통할 수 있다고 나는 확신한다.
　이것을 말로 표현한다는 것은 퍽 어려운 일이다. 인간을 포함하여 모든 것은 힘의 장(場)과 파동으로 성립된다.
　이러한 우주의 파동성을 고찰해 보면 크랭크실이라든가 축받이라고 하는 물건, 또는 기상상태나 다른 무엇이라도 본질적으로는 스스로 실체이며, 어떤 때라도 그 존재상태를 잘 알고 있을지도 모른다는 것을 알게 된다.
　그 존재상태가 변화함에 따라 그 의식성도 끊임없이 변화해 가고, 정지해 있는 것은 아무것도 없다고 한다면 엄밀하게 따져서 설사 1초라도 전에 있었던 사람과 똑같은 사람 혹은 똑같은 마음이든가 똑같은 물건은 없다.
　만물은 생물이나 무생물도 그 전생애를 일관하여 끊임없이 상호 접촉을 통하여 모든 것에 반응하고 또한 그 영향을 받고 있다.
　어떤 원인이 야기시킨 결과는 다시 다른 원인을 낳고, 이렇게 만들어진 원인은 다른 결과를 낳아 영원히 이어져 간다.

제6장 미래를 알 수 있다 151

　마음이란 경험을 통하여 각기 성장과 성공으로 바뀌어 가는 갖가지 생각이나 인상의 변화를 관찰하고, 흡수하고, 산정(算定)하고, 평가하고, 받아 들이고, 조합하고, 활동적으로 만드는 작용이다.
　요컨대 마음이란 본체를 잃지 않고 그 자체의 내부와 외부의 갖가지 변화에 의해 이익을 받는, 우주에서의 유일한 소유물인 것이다.
　질서정연한 우주, 구석구석까지 눈에 보이는 것이나 보이지 않는 것이나간에 모든 상태의 생명과 모든 현상에는 인간이 헤아릴 수 없는 광대한 지성이 존재한다는 증거가 있다.
　그러나 천지와 그 안에 있는 경이(驚異)를 바라보고 있을 때, 이들 우주의 힘을 마음으로 지시하고, 지배하고, 알맞게 하고, 자기에게 필요한 것으로 바꾸어서 이용하는 능력이 있는 생물은 이 혹성(惑星) 위에서는 인간뿐인 것 같다.
　지력의 진화나 마음의 힘의 특질과 능력이 인간보다도 훨씬 뛰어난 생물이 다른 천체에 있다는 것은 의심할 여지도 없다.
　지금의 우리들의 마음조차도, 시간 혹은 공간의 제한을 받지 않는 초감각적 재능을 부여받고 있다는 것만 가지고 말하더라도 인간이 현재의 유치원적인 단계를 넘어 정신적으로나 영적으로도 진보해 갈 운영을 지니고 있다는 보증을 받고 힘이 솟는 것도 당연한 일이다.

시간의 상대성

　마음은 빛의 속도로 작용한다고 생각된다. 어떤 생각이 의식에 갑자기 나타나는 것과 관계가 있는 시간이란 무엇인가?

1만 킬로미터 정도 멀리 떨어져 있는 다른 사람의 마음으로부터 인상을 즉시 받는 경우는 어떤가? 그리고 지금은 확실히 존재하고 있지 않은 미래의 어떤 '때'가, 어째서 마음에 의해 느껴지고, 이윽고 태어나는 미래의 한 시점에 일어나는 사건을 미리 확정할 수 있는 것인가?

　이런 일들을 생각해 보면 시간 그 자체는 상대적이며, 의식 상황의 변화에 따라 장단(長短)이 자유자재로 변하기 쉬운 여러 가지를 갖고 있다고 하는 결론에 이르게 된다.

　예지가 작용하기 위해서는 원인이 만들어지는 순간에 이 원인에 의해서 일어나는 잠재적인 결과가 현존하고 있지 않으면 안된다.

　이 원인력(原因力)과 접촉하고 있는 마음이 거기에서 시간의 선이라고나 할 수 있는 것에 따라 나아가는 것인데, 이 원인은 그것이 만들어지도록 미리 운명지어져 있는 결과로 점점 결부되어 간다.

　시간을 과거와 미래에 걸칠 수 있는 것이라고 생각한다면 자유롭게 앞뒤로 나갈 수 있는 마음이 아직 나타나 있지 않고 있는 사건을 감지할 수 있는 가능성을 상상할 수도 있다.

　앞서 있었던 인과관계가 현재의 결과를 만들어 냈다. 그리고 이들 결과가 차례로 새로운 인과 관계를 초래한 것이며, 그 결과를 장래에 경험하는 셈이다.

　그러나 이러한 미래의 사건이 지금 형태를 취하려 하고 보통 우리들이 이해하지 못하고 또 알아차리지도 못하는 더 높은 차원의 시간이 있다.

　우리의 초감각적 능력이 접촉하는 것은 실로 이 잠재적인 존재상태인 것이다. 그래서 미래에 나타나는 일에 대해서 어떤 형태와 개념이 주어지고 이 미래에 일어날 수 있는 일에 대한 심상(心像)이라든가 느낌이나 인상이 한 순간에 주어지는 것이다.

연습을 쌓고 있지 않는 보통 사람들은 예지현상이 있어도 꿈처럼 일시 못한 채 지내고 만다. 왜냐하면, 언제나 육체석 5감에 속박당하고 있는 사고의 흐름 속에 완전히 녹아 들어가 있기 때문이다.

대부분의 사람은 어떤 사건이 사실로 나타난 후에야 비로소 그것을 알아차리게 된다. 앞에서 말한 바와 같은 예감은 예지의 번득임으로서 분류할 수 있다.

그것을 알고 현명하게 지켜 나갈 수 있는 사람은 대개는 다른 동료들 이상으로 향상하고 성공을 얻게 된다. 그러므로 각기 새로운 생각이 실로 장래의 가망성을 나타내는 예지의 번득임인 것을 아는 것으로부터 시작해야 될 것이다.

시간과 노력, 경험이나 숙련, 그리고 임기응변의 재치를 겸비하지 않으면 실험할 수 없는 경우가 많다.

이 생각이 완성된 형태로 마음의 눈에 보이는 일이 있을지도 모르지만, 그것이 호기심을 자아내게 한다 하더라도 자기의 그러한 능력에 대한 신념이 없으면 그것은 태어나자마자 죽어 버릴지도 모를 일이다.

그런데 그 생각을 신념을 갖고 강력하게 붙잡아 그에 적합한 노력을 기울이면 이윽고 그러한 지각력을 발전시키고 완성시킬 수도 있게 될 것이다.

이런 종류의 체험이 나에게는 많이 있었다. 가장 두드러진 체험의 하나가 1939~1940년 경에 일어났었다.

3. 영감(靈感)의 독촉을 받고

　나는 미국의 유명한 소설가인 마아크 트웨인을 정복하고 있다.
　알파아트 비젤로우 페인이 쓴 전기(傳記)를 읽고 있었을 때 트웨인의 생애가 무대나 영화용으로 각색되어 있지 않은 것을 알게 되었다.
　그 번득임으로 자기가 마아크 트웨인의 유산상속인의 독점적 지정을 받고 브로드웨이와 헐리우드에서 제작하기에 가치 있는 작품을 훌륭하게 창작하고 있는 것이 마음의 눈에 보였다.
　이것은 무리한 이야기라고 현재의식이 말하려고 한다.
　나는 극작가로서는 무명작가이며, 실제로 이런 중요한 계약은 일류작가에게만 부여된다. 그럼에도 불구하고 마음 속에서의 강한 느낌이나 자기의 창작력을 믿는 외에는 무엇하나 의지할 것이 없는 가운데서 탐구를 시작했다.
　사뮤엘·L·클레멘즈, 별명 마아크 트웨인의 성질이나 성격에 대한 자세한 지식을 얻기 위해서 몇 번이나 도서관에 출입해야 될 조사계획을 세웠다.
　이 연구에 6개월이라는 시일이 요했다. 그 기간이 끝날 무렵에는 트웨인의 생애를 무대와 영화를 위해 어떻게 각색하

제6장 미래를 알 수 있다 155

는가에 대해서 1만 단어로 된 취급법을 작성했다.
　그때에 마침 마아크 트웨인의 유산상속의 유언집행인 찰즈·T·라아크 변호사와 면회 약속을 하려고 했었다.
　그런데 또 하나의 녜시의 번득임이 있나. 내가 그의 사무실에서 그에게 이야기를 걸고 있고, 마아크 트웨인의 생애에 대한 각본을 써 보고 싶다는 희망을 말하고, 특히 이 지정을 받을 만한 독특한 재능이 있다는 소신을 밝히고 있는 것이 보였으며, 라아크씨가 내 말에 신중한 태도로 귀를 기울이고 있는 것이 눈에 보이듯 선했다. 그리고 마음의 귀에서 라아크씨의 말이 들리는듯 했다.
　"아무 것도 약속해 드릴 수는 없습니다. 셔어먼씨——그러나 이 때문에 기울인 노력을 인정하는 뜻으로 읽어 보긴 하겠습니다."
　그래서 라아크씨와 면담을 하기 위해서 전화를 걸었다. 그러자 처음으로 얼굴을 맞대고 만났을 때 예지했던 그대로의 일이 일어났다.
　라아크씨와의 이 면담 중에서 그는 부우스 타아킹턴, 루우페트 휴우즈, 호우머 크로이 등 당시에 유명했던 극작가들의 편지와 전보를 보여 주었다.
　그 사람들도 모두 다 이 가치있는 흥행권의 허가를 마아크 트웨인 유산상속인에게 신청하고 있었다.
　그러나 이 극작가들은 자기들의 명성이 굉장히 자자하므로 트웨인을 주제로 한 내용을 어떻게 취급할 생각인가의 설명을 요구받지 않고도 허가해 줄 것이라고 생각하고 있었던 것이다.
　그들에게 허가가 되었더라면 모두 멋있게 일을 해 냈을 것이다. 그러나 유산상속인에게 인상지우는 데에 자기들의 명성에만 의존하고 있었기 때문에 나에게 기회를 양보하게 된 것이다.

마아크 트웨인 이야기의 흥행권은 아직 팔지 않고 남겨 두었던 가장 귀중한 것이었으며, 저작자가 상속인의 뜻에 맞는 주제를 취급하여 집필한다는 확신을 얻지 못한다면 유산상속인은 어느 작가와도 계약을 맺지 않는다고 라아크씨가 말했다.

나는 그것은 어떤 일이 있어도 맡고 싶은, 나의 흥망이 걸려 있는 모험이며, 만약 각본을 읽으시고 일고의 가치도 없다고 생각하신다면 쓰레기통에 버리셔도 좋다고 라아크씨에게 말하고, 그곳에서 물러나 판정의 날을 기다리고 있었다.

그후의 10일 동안 나는 자신이 받았던 최초의 예지적인 번득임의 기억을 재차 음미했다. ──그때 나는 이 작가 지명을 내가 획득하고 나무랄 데 없는 좋은 각본이 완성된 것을 보고 있었다.

이 모험이 성공한다는 느낌은 사라지지 않았을 뿐아니라 오히려 지금까지 보다 더욱 강해진 것을 알았다. 그래서 자신감을 더하게 되었다.

라아크씨가 전화를 걸어 예일 클럽에서의 주식에 초대해 주는 날이 왔다. 그 자리에서 라아크씨는 이렇게 말했다.

"셔어먼씨, 나도 당신의 원고에서 깊은 인상을 받았으므로 의견을 듣기 위해서 평의원에게 보냈고, 또한 마아크 트웨인의 단 하나의 유족인 딸 클라라 클레멘즈 가브리라비치에게 우송했습니다. 바라고 있는 대로 마아크 트웨인을 묘사하고 있는 줄거리라는 데에 평의원의 의견이 일치했습니다. 그리고 독점계약 건에 대해서는 당신과 상의하라는 허가를 받았습니다."

이렇게 하여 이 회담이 있은 후 1주일도 지나지 않아서 극작사상(劇作史上) 가장 열망되고 있었던 일 하나를 손에 넣게 되었다.

각본 《마이그 트웨인》이 완성되자 브로오드웨이 최고의 흥행주 세 사람이 입찰했다. 각본은 당시 유명했던 《그랜드 호텔》의 제작자 해리 모우주이즈씨에게 매도되었고, 그 사람이 제작 기획을 세웠는데, 제작을 시작하기 전에 모우주이즈씨는 병을 얻어 사망했다.

그래서 헐리우드의 노련한 영화제작자 제스·L·러스키가 각본을 샀다. 나는 헐리우드에 가서 영화 제작을 위해 각본을 고쳐 쓰는 것을 도와 주었다.

프레드릭 마아치 주연 《마아크 트웨인의 모험》이라고 하는 제명으로 러스키에 의해 워너 브러더즈에서 제작되었다.

이렇게 하여 나의 예지한 일, 그리고 그것을 달성하기 위해서 노력한 일이 실현을 보게 된것이다.

광대한 잠재능력

우리들에게는 좀더 고등한 자기가 있다——즉, 한층 더 높은 지성인이 있다.——그것은 그 사람의 잠재능력을 알고 있으며, 때때로 그것을 나타내기도 하고 격려하기도 하며, 그 사람 자신에 숨겨져 있는 가장 좋은 것을 발휘하도록 노력시키려고도 한다.

그러나 마음 속에 희미하게 보이는 이들 그림자의 궁극적인 본체를 인정한다든가 믿는 사람은 거의 없다. 과거를 돌이켜 보아 나에게 주어진 예지적인 환영(幻影)을 지키지 않아서, 달성했을지도 모를 성공을 많이 놓치고 말았구나 하는 것을 지금에 와서야 비로소 알게 된 것 같다.
　이것은 모든 사람에게 똑같이 해당되는 말이다. 그 이유는 의식에 갖추어져 있는 창조력은 항상 어떤 형태로든 표현을 구하고 있으며, 더구나 그렇다는 것을 알고 행해야만 그것이 가능하기 때문이다.
　우리들의 생각이나 행위에는 확실히 이러한 특질이 있으며, 우리들은 모두 자기의 생애에 있어서 끊임없이 장래를 낳고 있는 것이다.
　사람이 하는 모든 결정이 마음과 그 전 능력을 어떤 일정한 방향으로 향하게 한다. 달성하고 싶다고 생각하는 목적에 대해서 의식에 그리는 것은 무엇이든 창조력과 초감각적 능력이 작용하기 시작하는 청사진이 된다.
　예를 들면 나는 어떤 전자기성(電磁氣性)이라고 말했는데, 그것은 사람이 희망하는 꿈을 실현하는 것을 돕기 위해서 체험이나 지식이나 사람들, 그리고 재원(財源)에 의해서까지도 필요한 것은 무엇이든 전부 끌어 당기기 시작한다. 어떤 대망(大望)이든 마음이 그것에 집중하는 순간에 사건이 일어나기 시작하는 것이다.
　너무나도 자연스럽게 때를 맞추어 일어날지도 모르므로, 초감각적 능력의 원조를 받고 있다는 것을 느끼지 못하고 놓치는 일이 많다.
　초감각적 능력을 인정하거나 믿거나 하기 위해서는 대개의 경우 장엄한 실례를 들 필요가 있다.
　예지능력이 있는 사람은 당신이 결심한 바를 알게 되면 그 미래에 정신을 집중시키고, 그 결정의 결과로서 구체화 시킬 준비를 갖추어 형태가 되기 시작한 많은 사건에 '파장을 맞출' 수가 있었다고 해도 좋다.

제6장 미래를 알 수 있다 159

그 사람은 당신의 마음의 창조력과 초감각 능력이 정렬(整列)시키고 있는 어떤 새로운 사실을 말할 수가 있는데, 당신 편에서는 지금 하지 않으면 안된다고 생각하고 있는 일에 전력을 기울이고 있는 셈입니다.

4. ESP의 경고

꽤 오래 전에 시카고에서 살고 있을 때, 딸 마아샤는 미시건주에 가서 그녀가 좋아하는 큰아버지, 큰어머니와 함께 바다에서 멀리 떨어진 호반에 있는 그들의 별장에서 한여름을 지냈다. 마아샤는 수영 솜씨가 꽤 좋았다.

그런데 어느 일요일 아침, 문득 정신이 들자 나는 내 딸의 일을 골똘이 생각하고 있으며, 딸애가 이날 수영을 하게 되면 위경련을 일으켜서 물에 빠질 위험이 있을지도 모른다고 하는 느낌이 들었다.

불안이나 근심 걱정으로 인해서 가슴에 떠 오르는 인상과 비교해서 느낌이 다름을 구분하는 데에 필요한 만큼의 초감각적 인상의 경험이 나에게는 있었다.

그래서 내가 받은 사전의 경고에 대해서 아내에게 이야기 해 보았다. 그러자 아내는 곧 형님께 전화를 걸어 마아샤에게 전화를 받으라고 전달해 달라고 부탁했다. 마아샤가 나오자, 아내는 오늘 수영하러 나가느냐고 물어보았다.

"그래요, 어머니—벌써 수영복을 입고 있는데요."

라고 마아샤가 대답했다. 그러자 곧 아내는 이렇게 덧붙였다.

"이봐 마아샤야, 오늘은 호수에 들어가서 수영하지 않는게 좋겠다고 아버지께서 말씀하시는데…….”
 마아샤는 깜짝 놀라며 어째서일까, 하고 생각하는 것 같았다.
 "뭐 별다른 이야기 있어서가 아니야. 하지만 아버님께서 오늘만은 물에 들어가지 않는 것이 좋겠다고 생각하실 뿐이야. 다른 날 같으면 언제든지 좋아요.”
 전화기를 들고 주저하는 것 같았으나 이번에는 마아샤가 말했다.
 “예, 좋아요! 어머니. 아버지께서 들어가지 말하고 하시는 데는 틀림없이 그럴 만한 이유가 있겠지요. 전 오늘은 호수에는 들어가지 않겠어요.”
 물론 그날은 아무런 일도 일어나지 않았다. 호수에 들어가지 말라고 딸에게 부탁했기 때문이거나, 혹은 설사 들어갔다고 하더라도 아무 일도 일어나지 않았을지도 모른다. 만약 누구든지 의심한다면 그것은 아무런 증거도 되지 않는다고 가볍게 이야기할 수 있다. 그러나 이것이 정말이라고 알게 된 인상을 받은 체험이 나에게 있었던 것처럼 여러분에게 있었다면, 일부러 위험을 무릅쓰고까지 이 인상을 지키지 않을 리는 없을 것이다. 초감각적 지시를 받았다고 하더라도 실행하지 않으면 아무 소용도 없는 것이다.
 딸에 대해서 지금까지 그런 기분이 된 것은 마아샤가 몇 백 번이나 수영하러 나간 중에 이때 단 한번뿐이었다. 위경련을 일으켜 물에 빠질지 모른다고 나의 마음이 느낄 만한 무엇인가가 그 날 딸의 몸의 상태에 있었으리라고 생각한다. 그로부터 몇 년이 지나간 지금까지도, 그 일에 대해서 쓰고 있으면 이 가능성이 정말 맞고 전화를 걸지 않았더라면 슬픈 결과가 되었을지도 모른다고 굳게 믿고 있다.

자동라든가 배 혹은 기차나 비행기를 타고 가는 여행을 하려고 할 때, 예감이 이상하니 가지 말라고 가족들에게 말해도, 농담하시지 말아요, 라고 일소에 붙여져 불행한 결과가 되었다고 하는 이야기를 들었다든가 책에서 읽었다든가 하는 일이 있었을 것이다.

이런 경우에 이 사람들은 박진감이 있는 꿈이나 아니면 강렬한 예감중 어느 것인가를 통해서 가족이 죽든지 그렇지 않으면 부상을 입을지도 모르는 사건이 조만간에 일어난다는 것을 알고 있었던 것이다.

생각해 주기 바란다. ── 원인이 되는 힘은 운동을 일단 시작했다고 하면, 인과관계가 변경되지 않는 한 그것이 건설적이건 파괴적이건 필연적으로 어떤 결과를 향해서 진행해 가는 것이다.

단순한 불안이나 근심 걱정때문에 일어난 것이 아닌 직관적 경고를 받았을 때에는 언제든지, 설사 현재의식이 그런 인상 따위는 정말 어처구니 없는 일이라든가, 근거 없는 일이라고 아무리 외치더라도 그것을 마음에 새겨 둘 결심을 해야 된다.

친구나 가족의 말에 지지 않고 버틸 필요가 다분히 있을 것이다. 그러나 이러한 직관적인 번득임에 거역하고, 결과적으로 보아 자기가 옳았다고 알게 되었을 때 이미 때가 늦기보다는, 충분한 증거가 나타날 때까지 단정을 삼가하는 편이 낫다.

나는 몇년 전부터 매일 밤 일정한 묵념시간에 다른 친척이나 친구들과 같이 시집간 두 딸과 그 가족들을 감싸주는 상념을 애정을 담아 보내고 있다.

앞에서도 말한 것처럼 우리는 모두 강한 애착을 느끼고 있

제6장 미래를 알 수 있다   163

는 사람들과 잠재의식의 수준에서 어떤 전자기적인 친화성을 굳게 갖고 있다고 믿어야 될 이유가 있었다.

나는 이윽고 닥쳐올지도 모를 어떤 사건에 관한 것이라도, 친척이나 자기 자신에게 쓸모 있는 지식이라면 무엇이든 좋으니 알아 차리도록 암시에 의해서 마음에 명령해 두었다.

정말 그런 마음으로 기대하고, 깨어 있든 꿈꾸는 상태이든 이와 같은 지도를 인정하려고 마음을 놓지 않는다면, 초감각력은 반응을 보일 것이다.

기다리고 있던 위험

마아샤가 텍사스의 포오트 워스에 살고 있었을 때 시부모를 방문하기 위해서 아칸소주의 찰스턴까지 자동차 여행을 계획하고 있었다.

내가 딸의 일을 생각한 순간에 경고를 알리는 인상을 받았다. 옆골목에서 큰길로 누군가가 뛰어 나오는 것에 주의하도록 마아샤에게 연락해 달라고 아내에게 부탁했다.

만일의 경우를 위한 주의인데, 특히 방심하지 말고 조심만 하면 된다고 아내는 딸을 안심시켰다. 그러나 걱정할 만한 일은 아무것도 없었고, 무사히 아칸소에 도착했다.

마아샤는 나중에 이렇게 말하는 것이었다.

"아버지 이젠 두번 다시 그런 예언은 하지 마세요! 집에 도착할 때까지 얼마나 신경이 곤두섰는지 아세요!"

결과적으로 아무 일도 일어나지 않았다는 예감적 느낌은 전에는 없었던 일로서, 어째서 내 인상이 잘못되었는지 모르겠다고 딸에게 말했다. 마아샤의 말은 이러했다.

"그렇군요, 우리들에게는 아무 일도 없었지만.——그런데 그 날 찰스턴에 도착했더니 웬도르의 할아버지 자동차에 옆 골목에서 뛰어 나온 남자가 부딪쳐 가벼운 상처를 입고 있었어요."

"그것 봐라!"

나는 외쳤다.

"너와 웬도르, 그리고 여행을 생각하고 있으려니까 아버지의 마음이 어찌된 영문인지 나뭇가지 비슷하게 분리되어, 전화 가입선을 잇는 것처럼 웬도르의 할아버지의 마음과 연결되었구나. 옆골목에서 갑자기 뛰어 나와서 큰길을 달리고 있는 다른 자동차와 충돌하고 있는 차의 영상이 순간적으로 마음 속을 지나가는 것을 보았단다. 너희들이 여행하고 있었던 그 같은 시간에 할아버지의 사고가 있었던 이상, 그리고 웬도르와 그의 할아버지와의 의식에 일정한 관계가 있었으므로, 아버지가 너희들에게 정신을 집중하고 있을 때 이 인상을 너희 집 사람들과 같이 보아 버린 것이 틀림없다."

맞기는 했지만, 그러면서도 예상이 어긋나는 경우가 어째서 때때로 있는 것인가를 이 경험이 말해 주고 있다.

이 경우에 절박한 어떤 사고의 인상을 정확하게 받고 있었다는 것만은 분명하다. 그러나 다른 사람들의 사건과 엉켜져 버려서 '마음의 전화'가 혼선됐다고 해도 좋을 것 같다.

5. 국가의 위기를 경고하다

 이 책의 집필이 거의 끝나가고 있을 때 현대의 중대한 비극 하나가 발생했다.——존 케네디 미국대통령의 암살사건이다.
 1961년 6월 3일, 워싱턴에 있는 나의 신뢰할 만한 친구요 관리이기도 한 사람에게 급송한, 기밀문서 안에서 은밀히 말한 것처럼, 내가 이 일어날 수 있는 사건을 우려하고 있었다는 것을 공공연하게 말해 두었더라면 좋았을 것을, 하고 지금에 와서야 후회한다.
 다음 문장은 그때 쓴 문서의 일부이다.
 폭력과 협박, 그리고 음모로서 세계를 정복하려는 목적으로 세계무정부주의결사 또는 그와 비슷한 조직이 결성되었다.
 그 계획은 모든 국가에 상습적으로 침투하는 전형적인 공산주의 악마들 처럼 악랄하며 그 단체의 서반구에서의 근거지는 쿠바로서, 수령은 라페일이라는 이름의 사나이이다.
 모든 국가에서 소수파가 품는 불만과 인종 투쟁, 경제적 빈곤을 이용하려는 음모이다. 그들은 폭력과 공황을 불러 일으켜 사회가 바뀌게 되면 권세의 자리가 약속되어 있는 하층 사회나 과격분자와 여러 가지 계약을 맺고 있다.

목표는 남미주를 전부 접수하고, 필요하다면 국내에 있어서의 파업(파괴활동 기타)·혼란·공황·분규·전쟁을 통하여 마침내는 합중국까지도 멸망시키는 것을 목적으로 하고 있다.

파업이나 침투작전을 거쳐 현존하는 정부를 멸망케 하는데 도움이 되게 하기 위하여 생명을 바칠 것을 서약한 열광적인 헌신자를 스파이로 만들어 지금도 기를 쓰고 다방면에 걸쳐 중요 지역에 배치하고 있다. 보조를 빨리한 이 반정부 폭력행위와 파괴작전의 중심지는 카스트로가 있는 쿠바이다 …….

계획의 일부로서 여러 나라의 지도자 암살이라는 임무가 악한들에게 분담되어 있다――이런 파괴분자들에게는 이러한 폭력이 일어나든가 혹은 시기와 상황이 알맞게 되기만 해도 그 대가(代價)로서 권력과 지배력을 얻을 기회가 되는 것이다.

혁명을 선동하고, 각 나라에 침투하여 중앙관제 기지로부터의 지령을 광신적으로 지키는 앞잡이를 훈련시키는 이 방법이 군사상의 우위를 자랑하는 강국을 전복시키는 유일한 수단이라고 카스트로는 교육받았다.

차례로 토르히요 암살 사건과 비슷한 경험을 하게 되겠지만, 그것은 정부의 통솔에 변화나 긴장상태를 잇달아 발생케 하기 위한 계획인 것이다. ……미국은 이미 중대한 국면에 접어들었으므로, 특별방어 대책으로서 합중국은 군사경찰대를 조직하여 중요시설이나 정부청사 및 공항, 그 밖에 연속 24시간제의 경호대를 배치해야 된다. 우리들의 안전보장을 날마다 위협하는 방심할 수 없는 위험이 있다는 것, 그리고 무력증강을 위해 몇 십억 달러를 들이는 것보다도 이러한 음모의 예방책을 세우는 편이 한층 더 쓸모가 있다는 것을 인식해야 된다······.

1961년 7월 27일, 이름을 밝힐 수는 없으나 어떤 사람에게 또 한통의 기밀문서를 보내어, 그 안에서 되풀이 하여 나음과 같이 통고했다.

〈쿠바가 무정부주의 계획의 온상이다──더구나 이것은 극히 초기단계의 것이다. 소련은 이 '상륙거점'을 최대한으로 이용할 것이다. 좋든 싫든간에 합중국은 행동을 개시하여 이 계획에 최후의 일격을 가할 필요가 있을지도 모른다.〉

1962년 2월 14일과 18일에,

〈라페일 로드리게스가 전능한 쿠바 농지개혁위원회의 회장으로서 카르트로 수상의 후계자가 되다.〉

라는 신문기사의 표제가 나왔다.

로스엔젤스 타임즈지의 사설은 다음과 같이 기술하고 있다.

〈라페일은 오랫동안 크레믈린의 라틴 아메리카(중남미 제국) 조직 담당으로 하나의 중심인물이었다. 이것은 중대한 사실이며 위협을 미치는 새로운 문제이다. 크레믈린이 쿠바를 중대시한 나머지 어처구니없는 소란만 피우는 카스트로에게 모든 일을 맡겨 둘 수 없다고 생각하고 있음이 분명하다·······.〉

만약 독자께서 최초의 메모를 다시 한번 읽어 본다면 이 새로운 사실의 통지가 신문사에 보내진 거의 9개월 전에 내가 담당자로서 '라페일'의 이름을 특히 든 것을 알게 될 것이다.

나에게는 이 교체극(交替劇)에 라페일라고 하는 사나이가 추천을 받았다는 것을 알 방법은 없었다.

2월 15일에 워싱턴에 있는 친구에게 편지를 보내어 이런 인상을 받았다는 것을 알렸다. 즉 쿠바가 관타나모(쿠바의 남동쪽)에 있는 우리의 기지(基地)를 원자탄 비슷한 폭탄으로 포위하고 있다……갖가지 준비가 극비밀리에 진행되고 있다……기지 주변의 바다에서 무엇인가 실시되고 있으며 어선이나 다른 선박을 충분히 감시해야 할 것이다……기지에서 큰 불이나 폭발이 별안간에 일어날지도 모른다.

1962년 3월 19일에 미국 국회의원이 쿠바로 날아가 관타나모의 미국 해군기지 내외에 있어서의 쿠바의 강화된 군사활동의 보고를 조사하였다.

보도에 의하면 J·오드누르 해군 소장은 '아주 중대한 사태이기' 때문에 워싱턴에서 증언하기를 거절했다고 한다.

뒤이어 들어온 보도의 기사를 읽으면 위원회는 무력강화라든가 파괴활동의 '증거는 하나도' 발견하지 못하고 있다. 그런데 쿠바는 미국에 이러한 자극을 준 책임을 물어 '최고 책임자를 힐책한 것이다.'

3월 20일에 워싱턴으로 편지를 보내어 내가 말한 것이 옳았으며, 병력 증강은 실시되고 있으며, 더구나 계속해서 병력이 증강되리라는 인상은 절대로 확실하다고 말했다.

그리고 다시 다음과 같이 단언했다.

"무력 침공이 머지 않아 틀림없이 계획될 것이다. ──그리고 쿠바가 우리들에게 공격계획을 세우게 하여 되도록 전쟁을 일으키게 하려고 광분하고 있다 하더라도 조금도 놀랄 일이 못된다. 표면상으로는 어떻게 보이든 이 지역에는 지금부터 끊임없이 경계를 게을리 해서는 안되리라고 생각된다."

그리고 나는 1961년 10월의 신문 기사에 주의를 돌렸다. 왜냐하면 '동란·파업, 그밖의 것을 유발하기 위해서 어떤 계획을 바탕으로 하여 합중국과 남미 제국에 분산되어 있는 수천명의 카스트로의 앞잡이'의 일을 진하고 있었기 때문이며, 그것은 1961년 6월 3일의 메모에서 말해 두었던 행동이다.

1962년 8월 24일, 와이오밍주 카스퍼에 있는 딸과 그 가족이 있는 곳에 가서 머물고 있는 동안에 몇 가지 인상을 더 얻었으므로, 그것부터 곧 워싱턴에 있는 친구에게 보냈다.

대체로 다음과 같은 보고였다.

후르시초프는 자신(自信) 과잉이라고도 할 수 있으리만치 건방져졌다. 측근자들은 터무니 없는 짓을 하고 싶어질 것이라고 걱정하고 있다.

공산주의가 국내에서 실패했음에도 후르시초프는 공산주의 세계가 자기의 생존중에 세계 전역에서 일어날 수 있다고 생각하고 있다.

국제연합은 베를린 문제를 계기로 하여 전쟁은 일어나지 않는다고 확신하고 있다.

쿠바에 대해서는——이 나라를 미국의 가장 골치아픈 두통거리로 만들지 않으면 안되겠다고 결심했다. 따라서 합중국의 해안이 보이는 가까운 곳에서 소련이 공산당 동맹국을 위한 노력의 본보기로서 쿠바의 경제 향상을 촉진할 목적으로 전면적인 협력을 내세우고 나올 것이다.

현재 증여하도록 되어 있는 소련의 원조는 쿠바의 군사력 강화를 목적으로 한 구실에 지나지 않는다——그것은 관타나모의 시설과 합중국에 위협을 보이기 위한 것이다.

소련이 인계할 시기라고 생각되는 시기가 되면 카스트로는 완전히 제거된다. 소련이 전문 기술자와 자재를 이렇게 쉴 사이 없이 계속 쿠바로 투입하는 것은 베를린에서의 압박이 증가됨에 따라 격렬의 도가 더해지는 원진히 계산된, 바늘로 찔러 탐색하는 것과 같은 모험이다.

후르시초프는 현재 소련이 갖고 있는 군사력과 합중국이 뒤쫓아 오는 최종적인 힘을 고려해서 지금과 1964년 사이에 언젠가 가할 공격을 정말로 본정신으로 기도하고 있다.

두 개의 다른 이데올로기 사이에서는 전쟁을 피할 수 없다고 생각되는 이상, 공산주의가 최후의 승리를 쟁취하기 위해서는 소련이 갖고 있으리라고 생각되는 군사상의 강점과 합중국의 그것이 어깨를 나란히 하는 때를 기다리는 것은 자살 행위일 것이라고 크레믈린의 어느 지도자들은 주장하고 있다.

정세가 급격히 변화하지 않는 이상 운명을 결정할 때가 박두해 있는 것이다.

이 결정적인 때가 1962년 10월이었다. 케네디 대통령은, 소련이 합중국이라고 하는 표적에 조준을 맞추어 쿠바의 기지에 유도탄을 장치했다는 것을 사진을 증거로 하여 극적으로 폭로했다.

합중국은 쿠바를 해상 봉쇄하고 원자력 병기의 철거를 강요했으며, 그에 따른 소련군의 철수 약속을 받아 내고야 말았다. 그러나 이것은 부분적으로 지켜졌음에 지나지 않는다.

핵무기로 무장한 쿠바가 미국을 초토화 시킬 수 있는 계획이 '아슬아슬한 찰라에 누설되었지만' 소련의 본래 계획은 미국의 의표를 찔러 이 공격력을 기정 사실로 밀려던 음모가 있었던 직후에 래프 박사는 텔레비젼 프로 '현대'에 출연하여 이런 성명을 발표했다.

〈우리 정보기관이 최근에 이르기까지 이 공격력 증강을 알

지 못하고 있었다는 것은 이상한 일입니다.〉

이처럼 변화무쌍한 세계에서는 발견해서 저지하지 않으면 위험한 사건이 될지도 모를 갖가지 정세나 새로운 사실을 될 수 있는 대로 미리 살펴서 알아 둘 필요가 있다.

그런데 그것은 내가 최초에 말한 문제, 즉 케네디대통령 암살사건을 기억해 내게 한다.

한 사람이 아니라 몇 사람인가의 남녀가 예지의 인상과 육감을 받았음에도 불구하고 대통령의 암살을 방지할 수 없었다는 것은 우리들에게 있어서 얼마나 큰 비극이었을까.

6. 백악관을 덮은 검은 베일

 1963년 10월 13일 일요일 밤에 나는 아내와 함께 수도 워싱턴에서 로오렌·H·메이슨과 F·레지스 리젠만 박사 부처의 친구인 진 딕슨 부인과 식사를 같이 할 수 있는 영광을 입었다.
 나는 딕슨 부인이 놀라우리만치 정확하게 수정구(水晶球)로서 미래를 예언한다는 소문을 오래 전부터 듣고 있었으며, 최근에는 제스 스턴의 저서 《미래에의 문》에서 그녀에 관한 장을 모두 읽고 있었다.
 거기에는 1956년 5월 13일호(號)의 퍼레이드지에 발표된 「1960년의 대통령 선거에서 민주당이 승리──그러나 그 사람은 암살당하든가 재임중에 사망한다!」고 하는 부인의 예언 기사가 실려 있었다.
 나와 저명한 정신병 학자이며, ESP의 권위자기도 한 리젠만 박사는 딕슨 부인과 이 능력에 대한 이야기를 하고 있었다.
 부인은 독실한 가톨릭 신자였으며, 자기의 예언적 재능력을 신성하게 공경하는 성실하고 고결한 여성이었다.──더구나 여하한 보상에 대해서도 그 재능을 남용해서 영리의 수단이나 비열한 목적에 쓰는 일은 없었다.

제6장 미래를 알 수 있다 173

그 분의 목표는 오르지 다른 사람, 특히 정치의 중책을 맡고 있는 사람들을 인도하고 지키기 위해서 그 능력을 살리는 데 있었다.

나는 "나는 케네디 대통령의 일에 대해서는 걱정하고 있습니다."라고 부인에게 말하고, "지금도 역시 최초의 인상이 있었던 때처럼 느낌이 듭니까?"라고 물어보았다.

부인은 느끼고 있는 바를 넌지시 알려 주었다.

그때가 실제로 암살당하는 날의 5주일 쯤 전이었다. 이 대사건의 수일 전에 딕슨 부인은 한 장의 검은 베일이 화이트 하우스를 사방에서 덮고 있는 것이 보인다고 친구들에게 털어 놓았다. 그리고 암살당할 정확한 날짜를 이야기했는데, 그 경고에도 불구하고, 더구나 부인이 정부나 다른 사회에서 높은 존경을 받고 있었음에도 불구하고——이 예언을 퍽 망상적이라고 하여 진심으로 받아 들여지지 않았다.

케네디 대통령의 경우에는 예감을 받은 사람은 남녀 합해서 다수에 이르렀다. 빌리 그레함 목사는 케네디 대통령이 텍사스에 가더라도 안전할까 하는 권고를 대통령에게 전달하려고 노력했음을 밝혔다.

고위층을 통해서 몇 번이나 케네디 대통령에게 전달하려고 했지만, 헛수고가 된 후에는 자기의 경고가 매우 어리석고 근거 없는 일로 여겨진다는 생각에 그 이상 헛수고를 하지 말라고 현재의식이 설복하는 대로 맡겼었다고 말하고 있다.

암살당한 날 아침에 케네디가 당장 막 암살된다는 느낌이 강하게 느껴졌고, 대체적인 시간을 알았다는 부인의 이야기를 로스엔젤레스의 신문이 전했다.

시간이 임박해 오자 견딜 수 없었으므로 전화로 캘리포니아의 브라운 지사에게 전해서 케네디 대통령의 목숨을 빼앗으려는 기도를 방지할 수단을 강구하도록 즉시 관리에게 전달해 달라고 말하려고 했었다. 그러나 역시 이 경고는 묵살되고 말았다.──그리고 아마 어떤 열광자이거나 아니면 머리가 약간 돈 인간의 이성을 잃은 공포심이라고 간주되었었다.

　이러한 예언을 공표하기에는 상당한 용기가 필요했었다.

　나는 우리들의 지도자들을 암살하려는 음모에 관한 개인적 경고를 훨씬 이전에 기록으로 남겨 두었으면서도, 이러한 예언이 사건을 일으키지 않으리라고는 할 수 없다고 걱정했었다.

　케네디 대통령의 경우 이 절박하고 비참한 사건을 알아차린 사람은 틀림없이 이 밖에도 많이 있었을 것이다.──모든 국가의, 모든 전체의 마음과 가슴에 격렬한 충격을 주었을 정도로 불길했던 이 세기의 사건을……

미래는 지금 형성되고 있다

　세상에서 말해지듯이 '사건이 일어날 때에는 반드시 그 징조가 있다'고 하는 것은 자기 자신에게 있었던 예지의 체험을 바탕으로 한 나의 지론이기도 하다.

　시간은 인간에게 있어서 아직도 신비스런 존재이다. 미래의 사건은 시간 속에서 형태를 만들고 있다.

　우리들이 측정하지 못하는 어떤 차원에서 지금 막 당신이 하려고 하는 일은 의식 속에서 이미 형태를 이루고 있다.

　당신에게 지금부터 반 시간 후에, 1시간, 내일, 모레, 그리고 쉴 사이 없이 일어나는 일은──지금 형성되고 있는 것이

제6장 미래를 알 수 있다 175

다——즉, 사람이나 사물에 대한 현재의 마음가짐의 성질에 의해서, 그리고 심신에 유전(遺傳)된 성벽(性癖), 당신에게 이전에 있었던 일의 본질적인 것에 의해, 또 자기에게 있었던 여러 가지 체험에 대한 정신적 혹은 감정적 반응, 또는 미래에 대한 걱정·희망·절망 등이 어떤 것인가에 의해서 형성되어 가고 있는 셈이다.

 이것은 당신이 교제하고 있는 타인의 마음도 포함하여 당신의 바깥쪽에서 하나가 되어 있는 의식의 전 원인력(原因力)——마음의 영역에서 뜻이 맞는 사람끼리의 집합된 힘——이 혼성되어 있는 힘은 미래의 어떤 때에 일정한 사건을 구체화 할 운명에 있다.

 그 시기는 당신의 생각에 의해서 이들 힘이 움직여 간다. 즉, 자꾸만 독촉함으로써 대부분 결정되는 것이다.

 현재의식과 잠재의식의 수준에서, 이것은 누구에게나 근본적으로 중요한 일이다——이 이상 중요한 것은 없다——왜냐하면, 당신의 장래 전체가 그것에 의해서 지배되고 있기 때문이다.

 내가 아무 곳에나 앉아서 지금부터는 어떻게 될까 하는 생각을 하면서 시간을 헛되이 보내고 있는 것이 아니며, 또 비극적인 사건이나 불행한 사건의 인상을 얻으려고 노력하고 있는 것도 아니라는 것을 여기에서 미리 알려 두지 않으면 안되겠다.

 자신이 전혀 알아차리지 못했던 중요한 사건의 인상도 많겠지만, 그것은 마음을 그 쪽으로 돌리지 않았기 때문이다. 마음을 돌리거나 미래를 정확하게 예상할 수 있으리라고는 생각하지 않았던 것이다.

 1962년에는 내내 건강 문제와 싸우지 않으면 안되었고, 특히 고통스러웠던 것은 심한 좌골신경통이었다.

 몸의 상태가 나쁘면 누구나 다 초감각적 체험을 그다지 하고 싶은 생각이 들지 않는다. 그 해에 나타난 인상은 대개 선명한 꿈, 아니면 재빠른 '환영'이나 '느낌' 중 어느 한 가지였으며, 그것은 요구하지 않았어도 나타났다.

 보기 드문 인상의 무엇이든 기록해 두는 습관이었으므로, 그와 같은 인상은 기록해 두거나 또는 아내에게 대신 써 달라고 부탁했었다. 그리고 꽤 중요한 것이라는 생각이 들면 한두 사람의 주의를 촉구해 두었다.

 그 사람들은 필요한 경우에 인상의 진실성과 감수한 시간을 입증할 수가 있기 때문이었다.

 이 초감각력의 연구에 나는 이제부터 될 수 있는 대로 많은 시간과 주의를 기울이려고 한다. 그리고 나와 비슷한 체험을 한 사람으로부터의 보고에 접하는 것을 진심으로 바라고 있다. 그러므로 예지의 인상을 받는 방법에 대해서 극소수이긴 하지만 이해할 수 있게 된 지식을 서로 나누어 갖고 싶다.

 일어날 것 같은 일, 또는 일어날지도 모를 일을 희망할 때에 언제든지 정확하게 느낄 수 있을 정도로 예지능력을 발달시킨 사람은 아직 한 사람도 없다.

 과거의 경험, 그리고 어떤 상태에 포함되어 있는 요인에 대한 지식을 바탕으로 하여 일정한 환경 속에서 일어날 수 있는 일을 일반적으로 감지할 수는 있으나, 이것은 연역적(演繹的)인 방법이며 초감각적 지각은 아니다.

 예지적 경고라든가 지도는 현재의식의 활동과는 전혀 별개의 것이다. 보통은 커다란 충격과 신복력(信服力)을 수반하므로 현재의식의 주의와 고려를 눌러 버리고 만다.

그것은 잠정하기 위해서 마음을 쓰도록 자기 자신에게 타이르고 있으면, 이 예지능력의 작용에 자극을 줄 수가 있다.

앞에서 내가 제시한 방법으로 아주 느슨한 상태로 자기 자신을 타이르는 것이다. 통상적인 범위를 넘어선 감각으로 놀라운 일에 대한 소리가 들려 올지도 모른다.

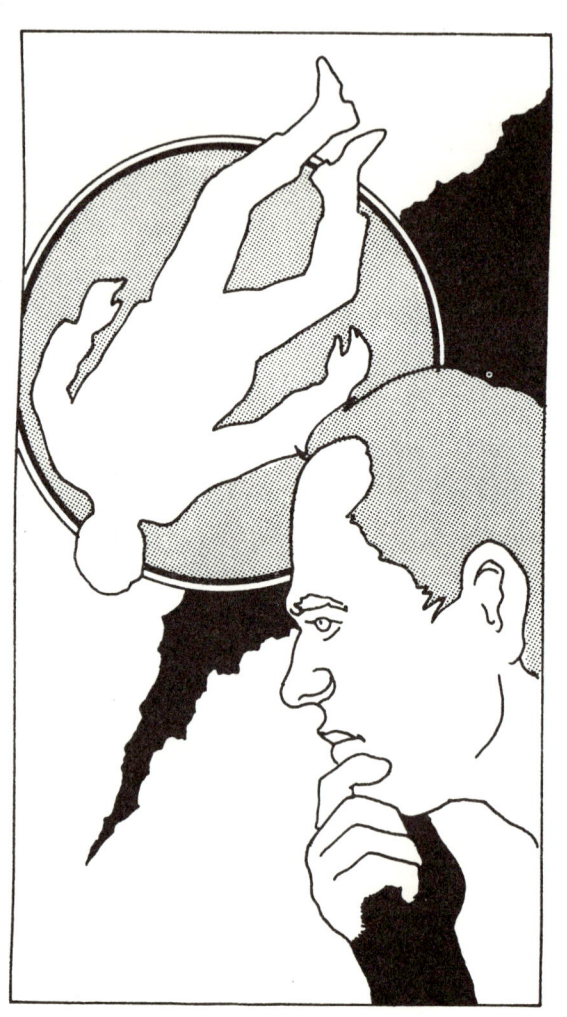

제 7 장
신비스런 꿈의 인상

1. 불가사의한 꿈의 세계

 꿈은 고금을 통하여 인간에게 공포심을 일으키게 하고, 경외하게 하며, 신비스럽게 만들고, 경고를 하고 지도도 해 왔다. 밤의 환영(幻影), 영몽(靈夢)을 꾼 이야기가 종교나 문학에서는 자주 등장한다.
 꿈의 예언자나 꿈의 해몽자는 오늘날 큰돈을 벌고 있다. 정신분석자와 정신병학자는 정신이나 감정의 불안을 상세히 조사하는 한 방편으로서 꿈과 그 상징의 표시법을 여러 가지로 연구하고 있다.
 원시인들이 최초에 영(靈)을 믿게 된 것은 대개 꿈을 판단한 데서였다. 원시인은 수면중에 죽은 사람 혹은 전쟁에 나가 죽은 사람들과 다시 만나고, 박진감 있는 꿈의 상태에서 그들이 이야기를 걸어오는 것을 들었었다── 죽은 사람이 하는 말을 들은 것이다.
 이 체험에서 그들은 육체를 떠난 사람들이 어둠을 타고 더구나 잠을 자고 있을 때에 어딘가 신비의 나라에서 되돌아오는 것 같다고 생각하게 되었다.
 이러한 꿈의 체험이 상상이 낳은 날조된 이야기인지 어떤지는 당시에는 알지 못했다── 실은 죽은 사람의 영상을 마음에 재현하는 기억 중추가 활동한 것 뿐이다. 그러나 태고의 시대에서부터 사람들의 마음이 육체를 떠난 영적 생물에 의해서 움직여지고 영향을 받았다는 것은 있을 법한 일이다.

잠자고 있는 사이에 내려와 때로는 전언(傳言)을 놓고 간 천사라고 불리우는 신비적인 생물의 이야기도 전해 내려오고 있다.

오늘날과 같은 물질주의 시대에 있어서는 '일어날 수 없다'고 생각되는 실례가 성경에는 여러 가지 기록되어 있다.

그러나 꿈의 내력과 전문명에 끼친 꿈의 영향을 생각한다면, 편견없는 연구자라면 누구나 이러한 옛날 이야기에도 긍정할 마음이 생길 것이다. '아니 땐 굴뚝에 연기날까'—— 자신의 개인적인 꿈의 체험과 우리들이 자고 있을 때에 일어나는 현상에 대한 연구를 바탕으로 하여 나는 그 불길이 크게 번지고 있다고 생각하고 싶다.

수면 그 자체가 생명의 가장 위대한 신비의 하나라고 할 수 있다. 수면중에 인간의 순수한 자기 실체(實體)에서 일어나는 이 꿈은 과학을 당황하게 만들었다.

신비주의자는 수면을 가르켜 '죽음의 소녀', 또는 '영혼'이라고 부르는 것은, 이 상태에 있는 사이에 육체를 떠나 보다 높은 차원에 존재하는 사람들과 친하게 교제하는 것이라고 주장했다.

초감각적 지각에 대해서 오늘날 알려져 있는 것으로 미루어 보건대 인간은 이 문제에 대해서는 거의 알고 있지 못하지만 수면상태에서 실제로 일어나고 있는 꽃은 믿지 않을 수 없다.

수면중에 영혼이 정말 육체를 떠나 더 높은 존재의 차원에 들어가 보다 높은 차원의 영생물과 잠재의식 수준에서 접촉하고, 통신이나 때로는 지시까지도 받는다. 그러나 다시 깨어나 현실에 되돌아 오자마자 이들 체험의 기억이 그 사람의 현재의식에 옮겨지는 일은 거의 없다.

어쨌든 수면중의 이러한 문제 전체에 대해서 더욱 깊은 연구와 실험을 진행시킬 필요가 있으리라고 믿는다.

수면상태란 사람이 이 세상을 떠날 때에 들어가는 다른 차원의 세계와 영혼과를 잇는 고리라고도 할 수 있다. 매일 밤 수면상태에 있는 육체를 버린다는 것은 죽음과는 다르다는 것 쯤은 다 아는 일이지만, 그 경우에 실체는 이미 현재의식과 잠재의식이라는 구별이 있는 것이 아니라 다만 육체를 떠난 내세에서의 생존만이 문제가 되는 것이 아닐까?

꿈에는 몇 가지 유형이 있다. 원인을 파악하기 쉬운 불안, 정신이라든가 감정의 혼란상태, 억압 또는 흥분한 성적 충동, 흔히 있는 걱정이나 근심에서 오는 꿈도 있다.

이것들은 악몽이 되어 나타날지도 모른다. 대개는 비뚤어진 단편적이고 줄거리가 정연치 못한 꿈인데, 때로는 광폭한 것도 있다.

초감각적인 활동을 나타내는 증거는 이런 꿈에서는 찾을 길이 없었다.

이것들은 외부의 경험에 대한 육체와 정신, 그리고 감정의 반응으로 유도되었을 뿐이며, 마음의 밑바닥에 머물면서 활동하고 있을 뿐이다.

잠을 자고 있는 사람이 더 깊은 수면상태에 들어가면 친구나 혹은 애인들과 텔레파시로 접촉할 수 있는 꿈을 꾸는 일이 있다.

이런 상태 속에서는 그 친구 혹은 애인들을 위한 어떤 종류의 느낌이나 알림이 꿈의 화면에서 일련의 희곡처럼 짜여지는 일도 흔히 있어, 잠에서 깨어남과 동시에 전부라고는 할 수 없지만 그 중 일부를 기억해 낼 수 있는 일도 있다고 생각된다.

친구나 근친사의 육체를 떠난 실체와의 접촉이라든가 통신이라는 것도 생각할 수 있는 일이다.

수면이 가장 깊은 상태가 되면 마음의 가장 높은 부분의 문이 열리고 그 신체에 개인적 관심을 가지고 가르쳐 주고 싶어 하고 있는 고등(高等)한 어떤 지성체가 연락을 취하는 것으로 생각된다.

그러한 우수한 지적 존재로부터의 지도가 있던 없던간에 유체이탈(幽體離脫)이 일어난다고 한다면, 실체는 의식의 수준에서 '사라져 간다'고 생각된다.

초감각적 능력은 이들 잠재의식의 영역 전체에 걸친 넓은 활동 무대를 갖고 있으며, 소위 '병참선(兵站線)'(근거지와의 연락선)을 설치하여 수면상태에 있어서의 실체의 전활동을 원조한다.

이들 초감각 능력은 마치 그 자신이 독자적인 지성체를 갖고 있는 것 같다. 왜냐하면 그것은 단순한 꿈이라고는 할 수 없을 정도로 생생한 것으로, 실제 지식이 되는 영상을 주기도 하고, 격렬한 감정이나 충동을 느끼게 하고, 때로는 소리가 되어서 어떤 가르침 비슷한 것을 실체에 전하기 때문이다.

초감각적 지각을 믿지 않고 수면상태에 들어가는 사람은 꿈으로 증거가 될 만한 체험을 하는 일은 거의 없다. 이러한 체험이 가능한 사람은 신뢰할 수 있는 방법으로 원조와 기도를 하지 않으면 안된다.

종교 지도자들은 기도(祈禱)를 옹호하고 신념이 필요하다고 강조한다. 만족할 만한 결과를 바란다면 초감각적인 힘이 작용해 주는 것을 믿는 일이 무엇보다도 중요하다.

저명하고 믿을 수 있는 현대의 '예언자'인 프레드릭 메리언은 나와 이야기를 했을 때 다음과 같은 뜻 깊은 말을 해 주었다.

"무엇보다도 강조하고 싶은 것은 초감각적 능력을 발달시키려고 노력하는 사람은 이 능력이 자기를 위해 필요하다는 것을 절대적으로 믿을 필요가 있다는 것이다. 텔레파시를 해보려고 할 때 조금이라도 의심을 품게 되면 그것은 초감각력의 기능을 완전히 없애지는 않을지라도 반감시켜 버리는 결과가 된다. 그러므로 성공하기 위해서는 어떤 특수 능력자라 할지라도 신념이라는 것이 필요불가결하다."

나는 전적으로 찬성했다. 대개는 솔직히 말해서 의문을 가질지도 모르나 만약 실제로 시험해 보려고 생각한다면, 편견이 없는 마음을 유지하고 '이 초감력을 나타낼 수 있다'는 것을 스스로 굳게 믿지 않으면 안된다. 그리고 모든 점에서 흔쾌히 그에 협력하도록 노력해야 한다.

누구나 수면상태에 들어가 있을 때에도 이러한 마음가짐을 계속 유지할 수 있게 되어야 한다. 초감각적 체험을 꿈 속에서 할 수 있게 해 달라고 하면서 그것이 일어날 수 있다는 데 의심을 품은 채 잠자리에 든다면, 지금까지와 같이 꿈을 꾼다 하더라도 그 꿈에는 아무런 뜻도 있을 수 없다.

자기나 친구 혹은 사랑하고 있는 사람들의 건강이나 경제 상태에 대해서 심각하게 걱정하면서 잠자리에 들어가는 남녀는 많지만, 그들은 그 일에 대해서 바람직한 결과를 염원하는 것도 아니므로, 적극적으로 사정을 호전시킬 수는 없다.

그러나 어떤 종교나 초감각력을 믿는 사람들은 마음을 산란케 하고 있는 것이 무엇이든 구원을 갈구하여 묵념하기도 하고 혹은 기도를 드릴 것이다.

불안·고뇌·의혹이 일시적으로 제기되고, 감수성이 뛰어난 상태에서 진심으로 원조를 바란다면, 의식의 초감각적 수준의 반응이 높아질 가능성은 커진다. 그리고 그들의 필요에 따른 회답이 꿈을 통하여 오고, 아침에 잠에서 깨어났을 때 궁지에서 빠져 나갈 수 있는 대책이 무엇인가를 알게 되는 것이다.

2. 죽음의 꿈

 경고를 전하는 꿈의 종류 중에 좋은 예는 내가 결혼해서 고향인 미시건주 트래버즈시를 떠나 데트로이트로 가서 자리를 잡은 2개월 후인 1920년 11월에 꾼 꿈이다.
 부모님도 우리들의 결혼식장에 참석해 주셨는데, 보기에는 퍽 건강하신 것 같았다. 그런데 어느 날 밤에 다음과 같은 놀라운 꿈을 꾸었다.
 나는 아내 마아사와 트래버즈시에 있는 부모님 집으로 돌아간 것 같은 생각이 들었다. 밤이었다. 우리들은 전등이 켜있는 부엌에 있었다.
 어머니와 아버지는 아마 저녁 외출을 하신듯 했다. 현관문 자물쇠를 여는 열쇠 소리가 들려왔고, 부모님이 돌아오신 것을 알았다.
 나는 마아사를 부엌에 남겨 두고 급히 마중나갔다. 그런데 내가 현관에 닿기 전에 문이 열리고 어머니가 한 발 먼저 안으로 들어오셨고, 뒤이어 아버지가 들어오시려고 했다.
 마침 그때 전기가 합선되어 전등이 전부 꺼졌다. 그와 거의 동시에 어머니가 광란상태가 되어 절규하셨다.
 "오, 헤롤드…… 헤롤드! 아버지가 돌아가셨어!…… 아버지가 돌아가셨어!"

나는 어느 틈에 어둠 속을 더듬어 어머니 곁으로 가서 위로해 드리려고 포옹하고 있었다. 그러나 어머니는 비탄에 빠진 채 계속해서,

"아버지가 돌아가셨어!"

라고 되풀이 하신다. 아버지가 어둠 속으로 사라진 느낌이 엄습해 왔다——정말 돌아가신 듯한 느낌이 들었다——그리고 잠에서 깨어 눈물에 젖은 얼굴로 마아사에게 지금 막 꾼 꿈을 이야기하고 아버지의 여생이 얼마 남지 않았다는 것을 그 꿈을 통하여 확신했다고 말했다.

그러나 수주일 후에 아버지께서 몹시 심한 두통이 나고 시력이 약해지셨다고 호소하고 있다는 것을 어머니가 편지로 우리들에게 알려 주셨을 때까지는 몸이 쇠약해진 흔적 따위는 조금도 없었다.

전문가의 진찰을 받기 위해 데트로이트로 나오시는 것이 어떻겠느냐고 아버지께 권해 보았다. 그래서 진찰을 받아 뇌하수체 위에 뇌종양이 생긴 것을 알게 되었다.

증상은 서서히 진행하여 1821년 2월에 배틀크리크 요양소에 정밀검사를 받기 위해 입원하셨는데, 종양 수술은 이미 불가능하다는 것을 알게 되었다.

그래도 수술을 했는데, 수술을 한 후 곧 혼수상태에 빠지셨다. 아내와 어머니, 그리고 나는 아버지가 누워 계시는 병실 복도 건너에 있는 방에 거처를 정했다.

이틀째 되던 날 밤, 밤새도록 보살펴 드린 후 졸다가 아침 일찍 잠에서 깨어나자 급격한 변화가 일어난 것 같은 느낌이 들었다.

간호부가 급히 와 보라고 말하려고 찾아왔을 때 이미 나는 아내와 어머니를 깨우고 있었다. 여전히 의식불명인채 아버

지는 계속해서 몹시 괴로운 호흡을 하고 계셨다.
 코를 통해 넣은 라듐을 제거하기 위해 의사를 불러왔다. 의사는 조명투사기(照明投射器)를 가지고 곧 달려와서 침대 옆에 설치했다.
 외과의사 한 사람과 수련의(修鍊醫) 두 사람, 그리고 침대 한쪽에는 어머니가, 다른 한쪽에는 나와 마아사가 의사 뒷쪽에 서 있었다.
 아버지의 한번 한번 쉬는 숨이 이 세상에서의 마지막이 될지도 모른다는 긴장의 순간이었다.

 한 수련의가 외과의사에게 잘 보이게 하기 위해서 조명기를 좀더 가까이 대려고 한 순간 전기줄에 발이 걸려 비틀거렸다. 전등이 꺼지자 병실은 깜깜해지고 내 꿈이 그대로 실현된 것이다.
 수개월 전에 꿈에서 들었던 바로 그 말을 어머니가 큰 소리로 외치는 것이 들렸다.
 "오, 헤롤드…… 헤롤드! 아버지가 돌아가셨어…… 아버지가 돌아가셨어!"
 꿈 속에서의 동작을 되풀이 하여 어둠 속을 더듬어서 어머니 곁으로 가서 안심시키려고 최대한의 노력을 기울였다. 그러나 곧 아버지는 숨을 거두시고 말았다.
 그 비참했던 때부터 지금까지 나에게는 불가사의하고 더구나 아주 정확했던 꿈의 체험을 몇 번이나 되풀이 해서 생각해 보았다.
 마음의 어떤 부분이 미래에 진행될 사건을 비추어 보고 나중에 체험할 광경을 미리 꿈 속에서 그려 주었다는 것은 그 누구도 부정할 수 없을 것이다.

아버지조차도 알지 못하는 사이에 자신의 초감각적인 힘이 아버지의 건강이 나빠졌다는 것을 어떻게 알아 냈는가는 지금도 설명할 수 없다. 그러나 이 나의 초감각적인 힘이 이 종국에 이르기까지의 영상을 비쳐 낸 인과관계가 틀림없이 있을 것이다.

그러면서도 이 일은 아버지 이외의 사람에게 감정적인 반응을 주도록 되어 있었다. 나의 초감각력은 어머니가 말하는 정확한 말까지 준비하고 있었던 것이다.

"오! 헤롤드…… 헤롤드! 아버지가 돌아가셨어!……"

이러한 반박하기 어려운 사실에 직면한 연구가는 누구나 다 아직도 이해할 수 없는 사고(思考) 작용과 정신현상 앞에 그냥 멍하니 서 있을 수 밖에 없다.

이처럼 증명할 수 있는 꿈을 명령에 따라 연구실에서 복제(複製)할 수는 없지 않은가.

가령 그런 일이 있었다고 하더라도 사람의 일생 동안에 단 한번 있는 일인지도 모른다. 그러나 이에 의해서 생명과 의식에는 겉에 나타나 있는 이상으로 많은 것이 무한히 존재한다는 것을 알게 되는 것이다.

3. 꿈 속의 계시

　나는 개인적인 연구와 실제의 연습을 통하여 마음에 소위 '정몽(正夢)'을 꾸게 할 준비를 시키는 일이 가능하다는 것을 알게 되었다. 여기에도 앞으로 광범위한 연구를 필요로 하는 분야가 있는 것이다.
　어떤 문제의 해답을 구하면서 잠자리에 들었다가, 그 해답을 꿈에 보았다는 경험이 있는 사람도 있을 것이다. 늘 말해지는 '하룻밤 자고 나면 무슨 해결방법이 생기겠지!'라고 하는 표현은 누구나 다 잘 알고 있다.
　이것은 잠을 자고 있으면 긴장에서 해방되어 새로운 견해나 생각을 준비해 주는 마술과 같은 결과가 몇 번이나 나온다는 것을 많은 사람이 인정하고 있다는 증거이다. 수면 중에 어떤 사고방법이라도 의식해서 쓰는 사람은 비교적 적다.
　그들은 무의식 상태가 되어서 일시적으로나마 이 세상의 복잡스러운 일로부터 도피해 보려고 심신을 좀먹고, 좋든 나쁘든 꿈의 모든 체험을 지워 버리는 사람도 흔히 볼 수 있다.
　그러나 매일 밤 마음에 수면 준비를 시키는 습관을 붙이면 초감각력을 구할 수가 있다. 하루의 불안으로 긴장된 기분을 없애고, 증오라든가 화나는 일, 근심과 걱정을 잊는다는 것은 어려운 일이지만, 그런 것들을 수면상태에까지 가지고 간다는 것은 찬성할 수 없는 일이다. 이것은 아무리 강조해도 지나친 강조라고는 할 수 없다.

잠이 들려고 할 때는 심신은 퍽 감수성이 예민해져 있게 마련이다. 이 감수성과 의식의 모든 수준과는 밀접한 관계가 있다.

현재의식의 고유한 생각과 감정은 거의 혹은 전혀 저항을 받지 않고 한층 높은 수준으로 직접 전달된다.

내부에 있는 이 창조력은 정신이 집중되어 있을지도 모를 욕망이라든가 열망, 또는 근심이나 증오 따위는 무엇이든 붙잡아서 꼼짝 못하게 할 준비를 갖추고 대기하고 있다.

창조력이라는 것은 충실하게 봉사하는 것이므로, 반사되어 오는 건설적인 생각을 실현시키기 위해 쉴 사이없이 노력하는 것처럼, 해로운 생각이나 작용에도 순응하게 된다.

앞에서도 말한 것처럼 마음의 영역에서는 뜻이 같은 것끼리 모이게 되는 것이므로 이 창조력은 불안과 증오를 더하고 더욱 많은 비슷한 상황과 경험을 계속해서 끌어 당긴다.

하루의 일이 끝날 때마다 마음을 청소하고 일체의 불안을 제거한 후 초감각적 능력에 자기를 움직여 유익한 일을 쉽게 할 수 있는 통로를 의식 속에 준비한다는 것이 얼마나 중요한 것인가를 알아 둘 필요가 있다.

나는 이 행위의 진가를 충분히 깨달았으므로, 몇 년간이나 하루의 두드러진 사건을 매일 밤 돌이켜 보고, 다른 사람이 나를 볼 때와 같은 객관적인 눈으로, 있는 그대로의 나 자신을 반성해 보는 것을 습관으로 하고 있다.

그때에는 이렇게 행동했어야 되었을 텐데……하고 깨닫는 것은, 또다시 같은 입장에 직면하게 된다면 그렇게 행동하지 않으리라고 결심하는 것이다. 즉 자기에게 있었을지도 모를 잘못을 발견하여 그것을 고치려고 노력한다.

이런 종류의 묵념에서는 있는 그대로의 상태와 정직하게 마주 대할 마음가짐이 필요하며, 더구나 그것은 쉬운 일이 아닌 경우가 많다.

다른 사람의 결점은 용서하지 않으면서도 자기의 결점은 극구 변호하고 싶은 것이 인지상정(人之常情)이다. 그러나 나는 퍽 오래 전에 타인으로 하여금 나의 감정에 상처를 입히게 하는 것보다는 오히려 나 스스로 그렇게 하리라고 결심했었다.

조만간에 우리들의 잘못이나 결점은 —— 이쪽이 먼저 알아내어 버리지 않는다면 —— 다른 사람의 눈에는 더욱 뚜렷하게 보일 것이고, 그것은 자신에게 있어서의 큰 마이너스가 될 수 밖에 없다.

어쨌든 일단 그렇게 결정하게 되면 하루중 가장 중요한 행사의 한 가지로서 그것을 낙으로 삼아 기다리게 된다.

몇 시에 취침하더라도, 아무리 피로를 느끼고 있다 하더라도 불안한 생각이나 느낌을 버리고, 자고 있는 사이에 초감각력이 작용하도록 요구함으로써 그러한 생각이나 감정을 배제할 수가 있다.

이렇게 해 두면 아침에 눈을 떴을 때 새로운 하루를 맞이할 준비가 갖추어진 신선하고 활기에 찬 예상이 계속된다. 어떤 큰 문제를 안고 걱정하고 있다면 모든 각도에서 객관적으로 돌이켜 보고, 의식해서 해결해 버리려고 하지 말고 잠을 자는 편이 났다.

마음의 초감각력이 그 문제를 인계받아 무엇을 할 필요가 있는가를 꿈 속에서 계시해 줄 것이다. 또는 아침이 되면 해답을 줄 것이라고 하는 신념과 자신을 가져야 된다.

문제를 해결할 길이 없다든가, 상황이 악화일로를 걷고 있다고 걱정하면서 잠이 들면, 그러한 사태를 자기 쪽으로 끌어 당기도록 창조력에 맹세하는 것이나 마찬가지이다.

나는 수년 전에 국가의 일대 중대사를 초래할지도 모를 사건에 대해서 특정한 통보를 할 수 있게끔 누구나 다 초감각적 능력에 지시할 수 있는가를 확인하기 위해 꿈의 실험을 연속적으로 실시해 본 일이 있었다.

매일 밤 잠이 막 들려고 할 때에 잠재의식에 다음과 같은 암시를 강하게 주었다.

"우리나라의 지도자와 우리나라를 지키기 위해서 무엇을 알아 둘 필요가 있을지 결정해 주기 바란다."

모든 인간의 상념은 태어난 순간부터 공간에 쉴 새없이 전파되고 있다고 하는 것이 나의 주장이므로, 단련해서 감수성이 예민해진 사람이 이들 상념 중에서 어느 것이든 마음으로 포착할 수 있음은 이론적으로 가능하다는 이야기가 된다.

수면상태에 있을 때에는 현재의식은 제거된다.

사고(思考)라 하는 것은, 언제나 보내는 사람의 잠재의식에서 받는 사람의 잠재의식으로 전달된다. 그러므로 받은 상념을 지각이 있는 의식 범위 안으로 끌어 들이는 것은 받는 사람이 해야 할 일이다. 그러나 그것은 너무나도 어려운 일이다. 잠재의식 수준에서 받아 들여진 무수한 상념의 인상은 보통 마음에까지는 통하고 있지 않다.

이 기묘한 실험을 하면서 그때 나는 나 자신에게 다음과 같이 물어보았다. —— 만약 지시가 있다면 나의 초감각적 능력은 우리나라의 이익을 무시하는 자의 상념과도 접촉할 수 있을까?

1954년 2월 중순의 일이었다. 약 1주일 쯤 이와 같은 암시를 밤마다 되풀이 했는데 아무 일도 없었다. 그러나 2월 26일 밤에 간신히 무엇인가에 '파장이 맞은 것' 같은 느낌이 들었기에 아내를 깨워 자세한 부분까지 아직 확실히 기억에 남아 있는 꿈의 내용을 이야기했다.

"자세히 보니 나는 방청인으로 만원을 이룬 대강당의 2층 칸을 막은 관람석에 있었다. 아래층을 내려다보니 책상을 향해 앉아 있는 남자들과, 한 사나이가 연설을 하고 있는 것이 보였다. 옆에서 벽에 기대고 있는 남자에게 여기가 어디냐고 물어 보았다. 그 사람은 이상하다는 표정을 지으면서 말했다.──'잘 알고 계시지 않습니까? 워싱턴에 있는 하원(下院) 의사당입니다.' 그때 나는 다른 관람석에 앉아 있는, 얼굴이 약간 검은 여자에게 주의를 집중시켰다. 그 여자는 핸드백을 만지작거리고 있었는데, 보기에 퍽 흥분하고 있는 것 같이 보였다. 그 여자는 그곳에서 그리 멀리 떨어져 있지 않은 곳에 앉아 있는 똑같이 얼굴이 거무스름한 두 남자를 힐끗힐끗 곁눈질해 보고 있었다. 그들도 역시 흥분하여 긴장하고 있는듯 했다. 갑자기 여자가 그 남자들에게 무엇인가 신호를 보내는 것이 보였다. 세 사람이 모두 자리에서 튕겨지듯 일어나더니 무어라고 외쳤다. 남자들과 똑같이 여자도 권총을 꺼내 들었다. 번득 생각이 들었을 때에는 그들은 아래층에 있는 의원들을 향해 발포하고 있었다. 나는 그들을 지켜보았다. 연설하고 있던 남자가 쓰러지고 다른 남자들은 곧 피신하는 광경이 보였다. 호위하는 사람들과 방청석에 있었던 사람들이 그 여자와 공모자를 덮치려고 돌진해 옴으로써 장내는 수라장이 되고 말았다. 여자가 외국어로 무엇인가 외치는 소리가 들리는가 했더니 그 순간 그 장면이 씻은 듯이 사라지고 말았다.……그리고 곧 몹시 흥분된 광경은 백악관으로 옮겨졌다. 정복 경찰관들과 사복 형사들이 곧 달려오고 대통령을 지키기 위해서 그 구역에 삼엄한 경계선이 펼쳐졌다. 그리고 누군가가 국가의 지도자들을 암살하려는 음모가 진행되고 있다고 말하는 소리가 들렸다."

꿈의 기억을 아내에게 모두 말한 후, 이 열광한 여자와 두 사람의 남자는 어쩐지 외국인 같은 생각이 든다고 덧붙여 두었다. 그러나 국적은 확인할 수 없었다. 그렇지만 정부의 지도자들과 관련이 있는 어떤 음모가 꾸며지고 있다는 인상을 포착한 것만은 틀림없다. 만일 이것이 정말이라면 도대체 어떻게 해야 된다는 말인가——이와 같은 성질의 상념을 받을 수도 있다고 누가 믿어 줄 것인가!——나는 워싱턴에 살고 있는 고위 관리인 친구에게 편지로 암살계획이 있을지도 모르니 조심하라고 알려 주기로 작정했다. 그로부터 3일 후인 1954년 3월 1일에 자동차 안에서 라디오의 스위치를 틀었더니 마침 임시 뉴스의 보도가 흘러 나왔다.

오늘 오후 2시 20분에 하원의원의 암살 미수사건이 워싱턴에서 발생했다. 한 여자와 두 남자로 구성된 세 사람의 푸에르토리코인이 방청인석에서 발포했다.

미시건 아우오소우 출신 하원의원 어빈 벤트리는 이때 연단에서 연설을 하고 있던 중이었는데 흉탄에 맞아 중상을 입었다.

암살 용의자는 현장에서 즉시 체포되었는데, 그들은 민족독립주의자들이라고 보도하고 있었다.

여성 주모자인 롤리터 레블론(24세)은 발포하면서 다음과 같이 외쳤다고 보도되었다.
"푸에르토리코 만세! 신과 온 지구상의 인류 앞에서 우리들의 피가 푸에르토리코의 독립을 요구한다! 우리는 조국의 독립과 자유를 위해 목숨을 바친다. 모든 책임은 내가 지겠다!"

사건은 내가 예지한 그대로 정확하게 재연되었다. 이 푸에르토리코인들이 공판정에서 심문을 받았을 때, 예의 여자 주모자인 롤리터 레블론이, 이 음모는 2월 26일 밤에 뉴욕에 있는 한 호텔 방에서 꾸며진 것이라고 진술한 증언은 나의 이 초감각적 체험에 금상첨화격인 말이었다. 26일, 그 날 밤이야말로 이 꿈의 인상을 받은 바로 그 밤이었기 때문이다.

이러한 체험을 하고 난 후, 광범위한 문제와 활동을 포함해서 진실이라고 증명된 체험이 적어도 열 둘쯤 더 있었다. 이것은 적어도 나에게 꿈을 통해 정보를 획득하여 제시하라고 암시로 마음에 지시할 수 있다는 것을 입증하고 있다.

이 모든 체험은 타인의 마음에 떠 올랐다가 마침내는 사건으로서 실현된 새로운 사실을 꿈이 알려 준 것들이다.

언젠가는 그 이름이나 주소까지도 정확하게 알 수 있게 되리만치 이 초감각적 능력이 정확하게 되면, 계획된 범죄를 미연에 방지하게 될 수 있을지도 모른다.

4. 대중을 꿈으로 지배할 수 있을까?

 발생하는 꼴이 혹성(惑星)과 같다고도 말할 수 있는 꿈이 있다. 그것은 보편적인 잠재의식에서 생기는 것 같다.
 항성(恒星)이 혹성을 거느리듯 사회의 대중의식은 개인의 감정과 사상을 지배한다. 사건이 외면적인 현실로 구체화 되기 전에 인간의 마음 속에 먼저 일어난다는 것은 이미 말해진 바다.
 자연을 제외한 외형적인 모든 것은 전부 인간에 의해서 만들어진 것이다. 역사상의 모든 사건 역시 마찬가지이다.
 과거의 역사에서 어떤 유력한 지도자는 무수한 사람들의 의식을 움직여 뜻도 모를 증오나 복수심·침략·전멸에로 몰아 세워 필연적으로 전쟁이라는 황폐상태를 초래케 했다.
 마음 속에 생각하고 있는 것이 실현됨으로써 인간이 만들어져 간다고 한다면, 조직화 되어 어떤 목표라도 향해서 가는 사람들의 결집된 상념은 그것이 건설적이든 파괴적이든 이 상념에 상응하는 결과를 낳게 될 것이다.
 이러한 사실을 인정하게 되면, 감수성이 예민해진 사람은 누구나 무수한 사람들에게 뿌려져 있는 상념이 결집된 곳에 잠을 잔다면 '파장을 맞추는'일도 용이하리라는 것을 알게 될 것이다.

그렇다면 어째서 내 마음이 1933년에 제2차 세계대전이 일어난다는 것을 꿈을 통해 알게 되었는가 하는 것도 이것으로 설명이 된다.

당시 히틀러는 독일에서 권력을 쥐고 대중을 선동하여 유태민족을 위협하기 시작했다. 나는 꿈을 기초로 하여 독창적인 시나리오를 썼다. 그리고 그것은 독립영화 제작자인 러스핀 프로덕션에 팔렸다.

이 시나리오는 독일에 있는 아들에게 가 있는 동안에 권력을 장악하는 정치수법을 보고 놀라는 독일계 미국인인 신문 발행인의 이야기를 소재로 다룬 것이었다.

이 신문 발행인은 증오심으로 언론의 자유를 탄압한다는 것은 필연적으로 전쟁을 유발시키는 원인이 된다고 경고했었다. 이러한 반독재 의견을 펴 나가려고 했을 때, 과거의 전 문명에 관한 기록이 있는 귀중한 장서와 함께 그의 집이 소실(燒失)당하고, 그 자신도 폭도에게 피살되고 만다.

이 영화는 인간이 몇 대에 걸친 오래 전부터 인간 자신에게 잔학했다는 것을 나타내 보이고 있다. 실제로 필름을 통해서 보면 당시의 수많은 국가들이 군사방위연습을 하고 있다는 사실이 폭로되었다.

노련한 배우 윌리엄 파남이 주연하는 극중의 주역이 영화 속에서 다음과 같이 힐문한다.

"국가는 이렇게 준비를 하고 있는데, 이것은 평화를 위한 준비인가?"

그 영화 〈우리들은 문명인인가?〉에 대해서는 전에도 쓴 일이 있는데, 뉴욕시 리볼리 극장에서 공개되어 절찬을 받았었다.

월터 윈체르는 지금까지 보아 온 작품 중에서 '가장 감동적으로 평화를 호소한 영화'라는 평을 한 바 있었다.
 그런데도 이 영화는 널리 상연되지 못했다. 일류 영화배급업자와 맺은 필름 배급계약은 그 이유도 모른 채 취소되고 말았다.
 독일 대사관에서 이 영화의 공개에 대한 항의가 들어왔고, 만약 상연을 강행한다면 독일에서 상연되는 모든 미국영화를 배척하겠다고 위협까지 해 왔다는 말을, 나는 몇개월이나 지난 후에야 비로소 들었다.
 그 영화는 히틀러를 주의하라는 내용을 담은 여러 편의 영화 중에서도 매우 높은 수준을 차지하고 있었다. 극화된 예언의 꿈은, 지나칠 정도로 현실과 꼭 들어 맞았던 것이다.
 많은 사람이 꿈을 믿고 있다. 해몽을 다룬 책이나 잡지가 꽤 많이 팔리고 있다. 꿈은 상징적인 것이어서 해석이 꼭 필요하다. 꿈의 분석가는 천사·어린이·다이아먼드·비행기나 자동차 여행, 칼·총·결혼·장례식, 낭떨어지에서 떨어지는 일, 싸움·도둑놈·하천의 물, 발가벗은 남자나 여자 등과 같은 꿈의 배후에 있는 특수한 뜻을 들고 있다.
 그러나 언어와 환경과 그 인생에 있어서의 경험과의 관련성으로 사람이 달라지면 뜻도 미묘하게 달라진다는 것을 그들은 잘 모르고 있는 것 같다.
 불을 예로 들어보기로 하자. 사랑하는 사람들과 난로를 둘러싸고 앉아서 오손도손 이야기하는 유쾌한 한때를 뜻하는 경우도 있고, 불이 억압된 공포의 뜻도 될 수 있다.
 불에 관한 어떤 꿈을 올바로 평가하기 위해서는 이와 같이 그 사람의 성품과 기질을 알 필요가 있다. 그래서 어떤 상태나 상황을 명료하게 묘사하는 현실적인 꿈이 가장 신뢰할 수 있는 꿈이다.

꿈의 상징 표시를 판단하려는 모든 시도에는 어느 정도의 추측이 따르고 있는 법이다. 꿈의 분석가는 많이 있지만 그 수 만큼 다른 평가를 내리기 쉽다.

그러나 노련한 정신의학자라든가 정신분석학자라면 그 사람의 자신과 감정을 조사하고, 보고된 꿈을 사실상의 억압, 병적인 애착, 또는 정신이상에 관련시켜서 설명할 수 있는 일이 흔히 있다.

그 나타내는 뜻이 명백하지 않다면, 꿈을 본 사람 자신이 단지 상징적 형태로 나타났을 뿐인 꿈에 매달려서 행동할 필요는 없다.

나 자신은 정말로 초감각적인 지각을 나타낸 꿈도 있다고 믿고 있으며, 이런 종류의 꿈이 자주 나타났으면 좋겠다고 생각했으므로, 그대로 쓸모가 있는 지식을 박진감 있는 형태로 내려 주십사 하고, 잠자리에 들때 곧 마음에 암시하도록 노력해 왔다.

눈을 뜨자마자 내게 나타난 좀 색다른 꿈은 빠짐없이 기록하든가 아내에게 말하여 적어두도록 하는 습관이 몸에 배어 있다.

이 작업이 조금이라도 늦어지면, 그 기록되는 사항에 상상력이 작용해서 현재의식이 스며들어 꿈의 경험을 채색하든가 또는 꿈에 보지도 않았던 일을 첨가하기도 하게끔 되어 많은 의의 있는 부분을 잃게 될 염려가 있다.

한번 꿈의 지속성에 관해 유의해서 기록해 두기 시작하면, 거기에는 많은 정보와 선견지명이 있다는 것을 알고 틀림없이 놀랄 것이다.

낮에 깨어 있을 때에 진행시켰다가 내일로 연장해 나가는 여러 가지 일을 마음의 한층 높은 수준에서 계속 처리하고 있는 것이다.

또 당신이 관계하고 있는 사람들 한 사람 한 사람의 마음은 어떠한 입장에 처해 있든지 당신 생각을 하고 있으며, 수면중에도 잠재의식의 수쥬에서 역시 생각하고 있는 것이다.

꿈에서 받은 타인의 인상이 깨어 있을 때 전달되어 오는 인상보다도 훨씬 정확할 때가 있다.

물론 기록한 꿈 중에는 전혀 근거가 없다고 생각되는 꿈도 있으나, 그렇다 하더라도 역시 그 기록을 철해서 보관하도록 권장하고 싶다. 적어도 나의 경우에는 언제든 반드시 집히는 데가 있는 일이 일어나고 있기 때문이다.

꿈의 예언

꿈을 꾸고 있을 때에는 모든 일이 '현재'의 형태로 일어나고 있다는 것을 명심해 두어야 한다. 조금이라도 시간을 의식하게 되는 것은 눈을 뜬 후에 꿈의 체험을 조사하여 그것을 논리적으로 생각하려고 할 때이다.

그때에도 예견한 일이 일어나려고 한다는 느낌을 확인하는 이외에는 예지한 꿈의 정확한 날짜나 시간은 알 수 없다.

자기나 친구 또는 친척에 관한 불행이라든가 혹은 참혹한 꿈을 꾸게 되면 불안감을 일으키지 않는다고는 할 수 없으나, 공상의 산물이라든가 아무 쓸모도 없는 악몽이라고 배제하려고 해서는 안된다.

당신 자신에 관한 일과, 꿈에 묘사된 장래에 일어날 수도 있는 사건의 원인인 듯한 요소는 무엇이든 빠짐없이 자세히 조사해 보는 것이 좋다. 그리고 그 사건을 막기 위해서 바꿀 필요가 있고, 또 변경시킬 수 있는 생각이나 계획은 고치도록 하며, 공포심을 더해 가는 일이 없도록 해야 한다.
  앞에서도 지적한 바와 같이 원인력(原因力)을 고치게 되면 전조(前兆)였을지도 모를 일도 예지한 그대로는 일어나지 않기 때문이다.
  이 논리는 의심할 여지없이 명백하다. 병든 것 같은 생각이 들면 의사에게 가서 진찰을 받고 중병이 되지 않도록 의사의 조력을 빌면 된다.
  꿈의 사전 경고에 따라서 현재 있는 원인을 제거해 버리면 추측할 수 없는 사고를 면할 수 있다.
  기쁨이나 성공과 마찬가지로, 꿈은 몸의 상태나 타인과의 개인적인 관련, 금전상의 근심이나 걱정거리를 반영하는 일이 많다. 생각이 나든 나지 않든 사람은 누구나 다 매일 밤 꿈을 꾼다고 과학자들은 말한다.
  누구를 막론하고 사람은 두 세계에 동시에 살고 있다.
  그런데 잠재의식은 절대로 잠자지 않는다. 내부의 지성체가 낮이나 밤이나 쉴 새없이 보초를 서고 있다. '정몽(正夢)'을 꾸면 꿀수록 그만큼 많은 원조와 지도와 보호를 꿈으로부터 받게 된다.
  그러나 꿈에 관해서는 상식적인 태도를 유지하는 것이 바람직한 일이다. 그렇게 함으로써 애매한 점이나 곡해가 감소되고, 오히려 꿈의 인상의 명료성과 진실성이 높아져 감을 알게 될 것이다.

제 8 장
유체이탈의 불가사의

1. 불가사의한 유체이탈

 인간에게는 '영체(靈體)'라든가 '유체(幽體)'라는 것이 있는가 하는 문제는 아직 완전한 대답을 얻고 있지 못하다. 그러나 그 존재를 믿고 그러한 흔적이 있었다고 생각하고 있는 저명한 사람들이 사회 각층의 전문적인 분야에서 활동하고 있는 것도 사실이다.
 물론 인간은 사후에도 존재한다고 설파하는 종교는, 영혼이 인간의 모습을 잠시 빌리고 있다는 뜻으로, 죽음은 영혼이 또 다른 상대로 들어간다는 것으로 상상하고 있다.
 그러나 이런 종파 사람들의 대부분은 증거도 없이 내세(來世)를 믿도록 강요받고 있다. 이런 곳에서는 기만이나 사기를 염두에 두지 않으면 안될 경우가 많다.
 수상쩍은 영매(靈媒)라든가 마술사에게는, 죽은 사람의 영이 부분적 혹은 전체적인 '물질화 현상'과 함께 목소리까지도 흉내 내어 겉핥기식의 교령회(交靈會 ; 영을 초대하는 실험)를 개최하는 것은 그다지 어려운 일이 아니다.
 경험이 없는 관람자는 아무리 똑똑한 사람이라도 아마 완전히 속아 넘어갈 것이다. 지금은 가고 없는 애인이나 친구에 관한 정보가 남몰래 수집되어서 교령회 사이에 비밀리 영매에게 전달되는 일이 흔히 있기 때문이다.

어두운 방에서 목격하는 영혼의 물질화를 믿는 수 많은 저명한 남녀의 순진함을 보고 나는 놀랄 뿐이다. 이들은 뇌의 기능이 작용하지 못하도록 차단돼 버린 사람 같다.

이러한 현상이 존재한다고 인정해 버리는 사람들이나, 반대의 증거를 인정하려고 하지 않는 사람들은 한층 더 처치곤란이다. 영매가 협잡을 행하고 있는 현장을 적발한 사람들에게는 누구에게나 죽일듯이 덤벼들어, 영매가 주장하는 멋 있는 솜씨를 변호하기 위해서 사리에도 닿지 않는 구실을 내세우는 일이 많다.

어떤 그럴듯한 증거를 보인 후에, 육체에서 분리한 혼으로 꾸민 심령체(心靈體 ; 영매의 몸에서 나오는 가스같은 물질)를 제조하는 역할을 하기 위해 동료의 영매들이 열을 지어 작은 칸막이를 한 암실인 '영혼의 캐비넷'에 출입하고 있는 것을 적외선 영화로 일부러 보여준 일이 있는데 마음으로부터 굳게 믿고 있는 사람들은 장난치는 악마들이 평판을 나쁘게 하기 위해서 동료 영매로 변장해서 나와 돌아다니는 것이라고 주장했다.

그러나 그러한 진상 폭로가 있었다고 해서 전부의 영매가 사기술을 쓴다거나 혹은 유체이탈(幽體離脫 ; 의식적 또는 무의식적으로 육체에서 혼이 빠져 나갔다가 되돌아온다) 혹은 영체가 나타나는 현상이 일어나지 않는다는 뜻이 아니다.

나는 교령회가 개최되고 있는 방의 바깥에 있으면서 증거가 되는 실례를 제시받아——대개는 대낮인데——유령이 보이고, 또 그것이 누구인지 분간할 수도 있으며, 죽은 사람으로부터의 통신까지도 귀에 들려오는 것을 듣고 솔직하게 이야기해서 감탄해 마지 않은 일이 있다.

그런데 유감스럽게도 이들 영혼이 나타나는 현상은, 그것을 관찰해서 면밀한 검토가 가해질 수 있도록 과학자나 초감각적 현상의 연구가의 실험실에서 일어날 정도로 명확하지는 못하다. 그러나 어떤 정신적 혹은 감정적인 동기에 자극을 받으면 언제 어디서나 일어날지도 모른다.

보통 모든 유령을 본 체험 뒤에는 목격자와 나타나 있는 유령과의 사이에는 의식상의 어떤 관계를 나타내는 경우가 많다.

미국이나 해외의 심령연구협회의 정리 카아드에는 이와 같은 예의 기록이 몇장이나 보존되어 있으며, 그 대부분이 훌륭한 증언을 받고 있는 것들이다.

아무리 정직한 회의론자라 할지라도 이 실례들을 조사한 후 그 전부가 착각이나 환각 등 비약된 상상이라고 부인해 버리지는 못할 것이다.

극히 다수의 예가 너무나도 완전한 서류로 증명되어 있으며, 더구나 명확하고 자세하게 설명되어 있어서 그리 간단하게 부정해 버릴 수는 없다.

예를 들면 중병에 걸려 있다든가, 부상하고 있다든가, 임종이 임박했다고 생각하고 있는 사이에 영혼이 육체로부터 이탈하여 이승과 저승 양쪽의 멀리 떨어져 있는 곳까지 가서 가까운 사람을 방문했다고 보고하는 사람의 이야기가 수천 건에 이르고 있다.

몹시 싫은 일이긴 했으나 어쩔 수 없이 육체에 다시 한번 깃들기 위해서 되돌아 왔지만 이러한 체험 결과, 죽음이라는 것을 다시는 두려워 하지 않는다고 말한 사람도 많다.

대개의 경우 그런 사람들의 이야기만으로 그 사실을 인정할 수 밖에 없다고는 하지만, 이렇게 수많은 사람들이 그런 이야기를 모두 꾸며댔다고 하는 일이 있을 수 있는 일일까?

그 자체가 실제 현상이 아니었다면, 그런 말을 해서 도대체 무슨 덕을 보려고 했단 말인가?

2. 그가 저승에서 돌아왔다

얼마 전에 나에게 보고되어 온 다음과 같은 믿지 않을 수 없는 체험을 소개하기로 하겠다.

오클라호마주 휴우고에서 45세 된 남자가 임종에 임박해서 죽기 수시간 전에 썼다고 하는 주목할 만한 복사된 편지가 송부되어 왔다. 이 사람의 이름은 그레이트 베일리라고 했다. 폐렴에 걸린 것이 죽음에 이르도록 중병이 되었다는 것이었다.

신앙은 정통파는 아니었고, 이 폐렴에 걸리기 전에는 단 한번도 별난 체험을 한 일은 없었다. 편지를 받을 사람은 그의 모친이었고, 그의 모친은 그때 켄터키주의 세브리에 있었는데, 그는 다시는 모친을 만날 수 없다는 것을 알고 있었던 것 같다.

어머님께

저는 어제 밤에 저승에서 돌아왔습니다.——그리고 집에 돌아왔습니다. 2~3일밖에는 이곳에 머물 수 없습니다. 아침이 되면 떠나려고 합니다. 저는 만족하고 있습니다. 떠나기 전에 여러분을 한 번만이라도 뵈었으면 합니다.——그러나 만나 뵐 수는 없습니다. 죽음은 두려워 할 것이 아닙니다.

여기에 오는 사람이면 누구나 다 잘 알고 있는 일입니다. 어제 밤에는 두 번이나 여행을 했습니다. 아무리 생각해 보아도 어머님께서도 그곳에 오래 머물고 계실 리는 없으므로 기쁘게 생각합니다.

아주 조금만 괴로움을 참으면 만사는 끝납니다. 죽음이 찾아올 때에는 슬퍼하지 말아 주십시오. 우리들은 다만 그것을 모르기 때문에 죽음을 무서워 하는 것입니다. 여러분 중 누구에 대해서도 이제는 눈물을 흘리고 싶지는 않습니다. 곧 뵈올 수 있게 될 것입니다. 자, 가시지요! 길을 발견했습니다.

G·베일리 드림

"자, 가시지요! 길을 발견했습니다.!"
곧 죽어 갈 사람이 자기 어머니에게 전달할 말을 남기고 싶어 혼자 있을 때에 이런 내용의 편지를 썼다는 것은 무엇을 뜻하는 것일까?

이것은 정신상으로나 감정적으로도 아무 이상이 없는 사람이 쓴 편지이다.——이 복사 편지의 사본을 보내 준 사람이, 그 편지를 쓴 사람은 켄터키 대학 졸업생이라고 가르쳐 주었다.——보통이라면 아마 앞으로 몇 십년이라도 더 장수할 수 있는 청년이었다.

지금 죽음에 임하고 있다는 것을 알고 있으면서 '저승'에서 있었던 체험을 입증하기 위하여 이렇게 기록한 것이다.

〈어젯밤에 두 번이나 여행을 했었습니다. ……아침이 되면 떠나려고 생각합니다. 이 ……저는 만족하고 있습니다.……〉

이 사람은 편지를 보낸 어머니 말고도 처자와 이별하지 않으면 안되었다. 더구나 이러한 체험을 한 끝에,

'여러분 중의 누구에 대해서도 이제는 눈물을 흘리고 싶지 않습니다.'라고 말할 수 있었던 것이다. 그가 쓴 보기드문 작별의 편지는 이렇게 끝을 맺고 있다.

〈곧 뵙게 될 것입니다. 자, 가시지요! 길을 발견했습니다.〉

죽음에 임하려고 하는 사람이 이와 같은 편지를 쓰리라고 감히 누가 상상이나 할 수 있겠는가?

그가 증거의 예로 내세운 '여행'이란 혼이 육체를 떠나는 체험에 관계가 있다. 그것이 무엇이든 퍽 유혹적이며, 사람으로 하여금 안심하게 만드는 것임은 분명해졌으므로, 죽음의 공포는 완전히 사라지고 가야 될 때가 되면 두려워 말고 자기 뒤를 따르라고, 사랑하는 사람들에게 권유까지 하고 있다.

이 경우에 그의 영의 모습이 육체를 떠났다가 되돌아 오는 것을 본 사람은 아무도 없다. 우리들은 이 편지에 씌어 있는 말을 신 앞에서 맹세한 말로 믿을 수 밖에 없다.

복사된 편지를 두 손으로 쥐고 실제의 필적을 바라보고 또 서명을 보고 있으려니까 거기에 씌어 있는 것이 모두 진실이라는 느낌을 받았다.

현실적으로 내 자신이 목격한 유체이탈의 증거와, 나 자신이 체험한 몇 가지의 육체에서 혼이 떠난 이상한 사건과를 비교 대조해서 생각해 보면, 그레이트 베일리의 증언을 액면 그대로 인정할 수 밖에 없다.

3. 불가사의한 생명의 구조

　물질적인 경향이 강한 보통 사람에게는 육체 이외의 상태로 생존하고 있는 모습을 마음에 그린다는 것은 어려운 일이다.
　리아 전자공학회사 사장 윌리엄 리아가 인간의 몸을 전자의 흐름으로 분해하여 빛의 다발로 만들어서 멀리 떨어진 곳으로 보내고, 그 지점에서 몸을 다시 조립할 수 있는 날이 곧 도래할지도 모른다고 예언했을 때 대부분의 사람은 비웃었다.
　농담을 하고 있다고 생각했던 것이다. 그러나 이제는 과학이 질량(質量)을 에너지로 전환시켰다가 다시 질량으로 되돌릴 수 있다는 것을 증명하고 있다.
　우리들의 눈에 보이는 형태가 있는 것 뿐만 아니라, 그 존재를 전혀 느끼지 못하고, 더구나 우리 자신 속에 있을지도 모르고, 혹은 알지 못하는 사이에 몸을 통하여 지나가고 있을지도 모를 높은 진동과 속도를 가진 눈에 보이지 않는 것에 이르기까지 이 방법이 적용될 수 있을 것이다.
　사물은 다만 표면에 나타나 있는 것만이 전부가 아님은 분명하다.
　신체를 움직이기 위한 생명, 에너지, 그리고 예지(叡智)는 눈에 보이지 않는 어떤 힘에 의해서 주어지고 있다.

인체에는 약 천(千)을 9제곱한 수의 원자가 있다고 과학자는 가르치고 있다. 1에 0을 27개 더 붙인 수, 이만한 원자가 몸을 조립하고 있는 것이다.

그것들은 배후에 전기적인 장(場)을 가진 신비스런 자력(磁力)으로 단단하게 맺어져 있다.

하나 하나의 원자는 신체나 정신상의 어떤 장해로 상하지만 않는다면, 마음의 힘에 의해 인간의 유기체 안에서 완전하게 그 구실을 다한다.

그런데도 원자를 보았다는 사람은 한 사람도 없다. 이 사실은 인간이 실제로는 얼마나 실체(實體)가 없는 것인가를 입증하고 있다.

유명한 의학 연구가인 시이모·S·원더만 박사가 뉴욕시에서 실시한 실험을 관찰할 수 있는 기회를 나에게 부여해 주었을 때, 나는 이 사실을 특히 강렬하게 느꼈다.

준비되어 있는 용액기(溶液器)에 들어 있는 작은 유기체를 현미경으로 들여다보았더니 그 속에는 착색용제(着色溶劑)가 주입되어 있었다.

자외선으로 이 유기체가 소멸되기 시작하고, 유기체의 구성분자로부터 전기력(電氣力)의 장(場)이 움추려 들기 시작하여 그 자체가 빛나는 것이 보였다.

박사가 지적한 바에 의하면, 이미 이 유기체의 환경이 생존에 적합하지 못하기 때문에, 생명을 붙어 넣어 둔 물체를 떠날 준비를 하고 있는 이 꺼져 가는 힘의 장(場)이야말로 생명 그 자신의 본체인 것이다.

원더만 박사는 다음과 같이 말했다.

"인간·짐승·물고기·새, 또는 곤충 등 어떠한 형태의 것이든, 그것으로부터 생명이 사라져 갈 때에는 이런 현상이 나타난다. 이것들은 살아 있는 한 제각기 그 힘의 장, 즉 생기를 부여해 주는 원소를 갖고 있다. 그러나 중요한 문제는 이렇다 —— 죽었을 때 이 힘의 장은 어디로 가는 것일까? 이 일에 대해서는, 그것이 유기체로부터 사라져 간다는 사실만을 증명하는 것이 현재로서는 고작이다. 그러나 과학적인 탐지 능력과 육체적 5감의 지각력을 초월한 어딘가 다른 차원에서, 그것은 무엇인가 새로운 형태의 것으로 절대적인 힘에 의해서 자력으로 모으고 있지 않다고 누가 말할 수 있겠는가?"

이것은 물질적인 구성물에 대한 이야기인데, 이른 바 유체이탈과 영혼의 형태를 하고 있는 것이 명료하게 제시된다는 것은 물질계라고 불리는 것 위에 참다운 실체가 존재하는 또 다른 세계가 있다는 것을 시사하고 있다.

이 사실은 지배하는 지성체가 동시에 복수로 나타날 수 있음을 암시하고 있다. 복수존재(複數存在)라고 증명되는 많은 예가 있다.

그것은 어떤 사람의 육체는 A라는 지점에 있어서 수면상태에 있는데, 그 동일인물이 동시에 B라는 지점에서도 볼 수 있다는 현상이며, 때로는 몇 킬로미터나 떨어져 있는 경우도 많다.

한편의 육체가 입고 있는 것과 똑같은 옷을 영체가 입고 있는 것이 보통이다. 대개 이것이 단순한 심상(心像)의 투사가 아니라는 것은 그 영체가 이야기하는 말소리를 듣기도 하고 때로는 친구나 사랑하는 사람들의 몸에 손을 댄 일이 있는 것 같은 사실에 의해서 증명되고 있다.

아아더 고드프리는 해군에 근무중에 부친이 배 안에서 돌연히 나타나 악수를 하고 헤어졌을 때의 일을 이야기하고 있다. 생각컨대 고드프리의 부친은 대체로 그 시각에 미국에서 이 세상을 떠난 것이다.

영이 나타난다고 하는 이와 같은 많은 현상의 배후에는 어떤 에너지가 활동하고 있으며, 동시에 실체라고 하는 것이 존재한다.

나는 누구도 놀라게 할 만한 자신의 체험을 생생하게 기억한다. ── 그것은 최초로 유령을 보았을 때이다.

그것은 간호원 데이비드·N·H·퀸의 유체의 모습이었는데, 그 사람은 내가 얼마 동안 배틀크리이크 요양소에 입원하고 있었을 때의 전속 간호원이었다.

나이는 나보다도 훨씬 위였는데, 그와 친해진 것은 바로 이 입원 기간중이었다. 그가 뛰어난 초감각력을 갖고 있다는 것을 알고 그에 대한 관심은 차츰 더해 갔다.

어느 날 밤 병원 바로 이웃에 있는 구매부 건물에 불이 나 병원 건물에까지도 불이 옮겨 붙을 위기에 처하게 되었다. 발화지점에서 제일 가까운 병동에서 환자를 옮길 때에는 정말 대소동이 벌어졌었다.

불꽃 그림자가 병실 천장에 비치는 것이 보였고, 병실 밖의 복도를 의사와 간호부가 이리 뛰고 저리 뛰고 하는 발소리가 부산하게 들려 왔다.

데이비드는 B번이었고, 그는 그때 불이 난 곳에서는 멀리 떨어져 있는 자기 집의 병원 쪽이 보이지 않는 방에서 자고 있었다.

나는 무섭지는 않았으나 그가 달려와서 불이 난 것을 볼 수 있도록 나를 창쪽으로 옮겨 주었으면 좋겠다는 생각이 간절했다.

이럭저럭 반 시간이나 지난 후에 내 병실로 통하는 문이 열리더니 데이비드 퀸이 들어왔다. 안심시키려는 표정으로 미소를 짓더니 나를 침대에서 번쩍 안아 창가로 옮겨 타오르는 불꽃이 보이는 자리에 앉혀 주었다. 이러한 그의 행동에 놀란 나는,
"이렇게 해 주었으면 하는 내 소원을 어떻게 아셨습니까?"
라고 그에게 물어보았다.
"그것을 아는 방법이 나에게는 있습니다."
라고 데이비드는 침착하게 말했다.
그리고 그는 내가 부르는 것 같은 생각이 들어 숙면에서 깨어났다고 이야기했다. 무엇인가 곤란한 일이 있구나 하고 직감했으므로, 외출복을 걸치면서 뛰어 나와 요양소행 전차에 겨우 탈 수 있었다. 병원에 가까워질수록 불꽃과 연기가 확실히 보였으며, 내가 부르고 있는 이유를 알게 되었다.
"그렇지만 병실에 들어올 때까지는 정말 무엇을 원하고 있는 것인지는 알지 못했죠."
그로부터 며칠이 지난 후에야 비로소 이 보기 드문 사람에 대한 일을 꽤 알게 되었다. 그는 많은 사람이 머지 않아 텔레파시의 능력을 발달시킬 것이라고 예언했다. 그는 자신이 텔레파시를 믿을 만한 체험을 자기 자신의 생활에서 이미 하고 있었다고 이야기했다.
나는 퇴원하여 트래버즈시의 자택으로 돌아온 후에도 데이비드와 자주 연락을 취하고 있었다.
나의 생각·기분·체험을 놀랄 만큼 정확하게 알고 있는 편지가 꽤 많이 왔다. 얼만가를 지난 후 나는 제1차 세계대전에 종군했고, 데이비드는 요양소를 떠나 유복한 환자와 뉴욕의 카이킬 산맥으로 여행을 떠나 버렸다. 그래서 우리 두 사

람의 연락은 끊겼고, 내가 보낸 편지는 '소재불명'이라는 딱지가 붙어서 반송되어 왔다.

데이비드를 몇 번이나 생각해 내고 어떻게 되었을까 하는 생각으로 가슴 조이던 때도 있었으나, 요양소에 있는 그의 친구 이사벨 맥래카와 피터 부죠크도 나와 똑같이 연락이 닿지 않는다고 했다.

대전이 끝나고 나는 트래버즈시로 돌아왔다. 1919년 1월 19일 밤에 나의 생애에서 잊을 수 없는 일련의 체험이 시작되었다.

나는 새벽 1시 경에 눈을 떴는데, 몸이 잠시 마비되어 근육을 조금도 움직일 수 없었다.

방은 어둠침침하였고 바로 눈 앞에 있는 물건이 응접실에서 새어 들어오는 야간등 빛으로 희미하게 그 윤곽을 드러내고 있었다.

그래 몹시 보고 싶었다는 얼굴로 내 가까이 오는 것이 데이비드 퀸이 아닌가! 그의 입술은 움직이고 있었으나 소리는 나오지 않았다.

그의 모습을 본 나는 몹시 놀라 얼마 동안은 몸을 움직일 수조차 없었다. 무엇인가 박진감 있는 악몽을 꾸고 있는 것이 틀림없다고 생각하고 몸을 움직이려고 노력해 보았다.

몸이 다시 나의 뜻대로 되었고, 자리에서 일어난 순간에 데이비드 퀸의 모습은 시계(視界)에서 사라져 갔다.

나는 맥이 탁 풀렸고, 데이비드가 어디에 있는지는 모르지만 병에 걸렸거나 그렇지 않으면 무슨 재난을 만나 나를 마음 속에서 움직이려고 했던 것이라고 생각했다.

이것은 오랫동안 소식이 두절돼 있었던 것과, 그에 대한 걱정으로 작용된 새로운 꿈의 체험이라는 결론을 내렸다.

그의 모습이라고 생각되었던 것은 생생한 환영(幻影)이었으며, 이것은 꿈의 일부로서 마음 속에 정말 일어난 것이었다.

그런데 다음 날 밤 거의 같은 시간에 똑같은 일이 되풀이되었다. 그리고 이것은 단순한 꿈이 아니었다. 나의 외부에서 일어나고 있는 일이었다.

침실에는 어떤 유령이 실제로 있으며, 그 유령이 데이비드 퀸이라는 것을 그때 비로소 알았다. 될 수 있는 대로 마음을 진정시키고 그가 이야기하려고 하는 말을 듣기 위해 귀를 기울였다. 꼼짝도 하지 않는 진지한 표정을 띤 얼굴이 비스듬하게 위에 보였다.

그리고 입술이 전처럼 움직이고 있는 것이 보였는데 소리는 조금도 나지 않았다. 한 쪽 손을 그에게 뻗치고 '데이비드!' 하고 그의 이름을 불렀다. 그러나 다시 전날 밤과 마찬가지로 그의 모습은 차차 사라지기 시작하더니 보이지 않게 되었다.

틀림없이 데이비드가 찾아와서 통신을 하려고 노력하고 있다는 생각이 들었다. 나는 몸을 일으켜 전등불을 켜고, 나의 경험으로 그가 병에 걸렸거나 무슨 일이 생겨 곤경에 빠져 있다는 생각이 든다는 뜻을 알리고 연락을 취해 달라고 부탁하는 편지를 썼다.

아침이 되어 나는 내가 밤에 일어났던 이상한 사건을 부모에게 알렸다. 그리고 마지막으로 알고 있던 데이비드의 주소로 편지를 냈다.

4. 또다시 유령을 만나다

세번째의 체험을 나는 예상하고 있지 않았었다. 그런데 그것이 일어났다. 나는 잠이 깨어 눈을 떴다. 그러자 평소와 같은 데이비드 퀸이 내 곁에 서 있었다.

입술이 움직이고 무엇인가 말하려고 애를 쓰고 있었다. 그런데도 말소리는 전혀 들리지 않았다.

나는 두 팔을 뻗치고 큰 소리로 외쳤다.

"데이비드!……데이비드!"

지금도 그때의 그 광경이 가슴 속에 생생하게 떠 오르지만 너무나도 그리운 듯한 표정이었으므로 손을 대려고 한 순간에 그의 모습은 방 안의 어둠 속으로 빨려 들어가기 시작했다.

이번에 사라지면 마지막이라는 생각이 들었다. 계속해서 사흘 밤이나 그처럼 애써 연락하려고 한 일이 도대체 무엇이었을까?

그것을 알아 주어야 되겠다는 생각에 정신력으로 그를 자리에 머물게 하려고 했다. 그러나 그의 모습은 차차 엷어지고, 두번 다시 이 세상에서 만나지 못하리라는 슬픈 느낌이 드는 표정이었다.

2주일이 지났다. 데이비드 퀸에게 보냈던 편지가 되돌아

왔다.

그리고 나서 2월의 어느 날 오후 늦게 집에 돌아오자, 두 통의 편지가 배달되어 있었다. 한 통은 빅터 부죠크로부터 온 것이었고, 또 한 통은 맥라커 양으로부터의 것이었다.

두 통의 편지에 똑같이 데이비드 퀸이 1월 21일 밤에 뉴욕시의 브루크린의 롱아일랜드 대학병원에서 사망했다고 적혀 있었다.

그는 어떤 환자를 간호하기 위해 동부에 있었는데, 그곳에서 유행성 감기에 걸렸다 한다. 차차 증세가 악화되면서 폐렴까지도 걸려 3일간 혼수상태에 빠져 있다가 이 세상을 떠났다는 것이다.

그런데 이 편지를 받아보고 가장 놀란 일은 맥라커 양의 편지 내용이었다. 그녀의 편지에는 이렇게 씌어 있었.

〈이상한 이야기입니다만 데이비드는 그가 죽기 전의 3일간 매일 밤 계속해서 나의 침대 머리에 나타났습니다. 그가 곤경에 빠져 있어 나에게 호소하고 있다는 것을 알았습니다. 그리고 그가 있는 곳을 알기만 했었던들 곧 달려 갔을 텐데 …….〉

여기에서 내 자신의 체험을 확인하는 증거가 나왔다. 꿈이 아니었다는 증거가! 몇 킬로미터나 떨어져 있는 배틀크리크에 있는 맥라커와 트래버즈시에 와 있는 내가 똑같은 체험을 한 것이다.

브루크린과 미시건에 있는 우리들의 위치의 시차를 고려한다면, 데이비드는 1월 21일 아침 일찍, 우리들이 계속해서 3일째 밤에 그를 확실히 보았던 바로 그 시간에 숨을 거둔 것이다.

나 자신에 대해서도 유체이탈의 체험이 1920년의 여름에 처음으로 있었다. 나는 당시 데트로이트시의 포오드 자동차 회사에 근무하고 있었으며, 후생시설의 하나인 테니스 코오트에서 자주 테니스를 치고 있었다.

어느 날 오른쪽 발의 발톱 끝에 물집이 생기고, 그것이 터져 심한 화농증으로 부어올라 절개수술을 받아야만 될 형편이었다.

우리 집 주치의인 가아너 박사의 진료실에서 치료하기로 결정했다. 박사는 시중드는 간호부와 함께 마취약 클로로포름을 맡게 하기 위해서 치과 의사를 불러 들였다.

발 끝에 수술 준비를 하고, 수술대에 누워 얼굴에 헝겊을 덮고 그 헝겊을 통해 뚝뚝 떨어지는 마취약을 마셔 들였다. 몇 분 동안은 아무 일도 없었는데, 그후 순간적으로 눈이 아찔하고 빙빙 돌아가는 느낌이 들었다. 나는 간이 콩알만 해졌다.

소리를 내려고 했는데, 말조차 할 수 없었고, 몸의 근육 하나 움직일 수가 없었다.

"마취가 걸렸습니다"

라고 하는 의사의 말소리가 들렸다. 그러나 감각은 잃지 않고 있었으며, 아직도 의식이 있다는 것을 알리는 동작을 하든가 소리를 내려고 필사적이었다.

가아너 박사가 메스를 환부에 댄 순간 푹푹 쑤시는 듯한 통증이 전달되어 왔다. 그리고 뇌가 파열한 것 같은 생각이 들고, 곧 실신해 버렸다.

잠시 후 또 하나의 내가 내 육체 위의 공중에 있으면서 진행중인 수술 광경을 들여다보고 있는 자신을 발견했다.

내 옆에는 동생인 에드워드가 있는 듯한 분위기였는데, 그는 6년 전에 열 한살로 죽었었다.

만나게 되어 정말 반갑다고 말하는 듯한 밝은 표정이었다. 나는 그야말로 진짜 같은 꿈을 꾸고 있는 것이 틀림없다고 생각했다.

그러나 그때 마취를 하고 있던 치과의사가 몹시 걱정스러운 표정을 짓고 있는 것을 알았다. 간호부는 맥을 짚어 보더니 맥이 전혀 뛰지 않는다고 말하고 있었다.

얼굴에 덮여 있던 헝겊이 벗겨졌다. 그리고 나를 소생시키려는 조치를 하기 시작했다. 이 광경을 바라보고 있던 바로 그때 기묘한 이탈감이 나를 엄습하고 눈이 아찔해지면서 전혀 분간할 수 없게 되었다.

그때 에드워드가 내 팔을 잡더니 함께 떠나자고 넌즈시 암시하는 것이었다. 온 몸의 털이 곤두서는 느낌이 가슴을 쳤다.

"나는 틀림없이 죽은 것이다!"

에드워드의 손을 뿌리치고 재빨리 떨어지면서 나 자신이 그에게 이렇게 말하는 소리가 들려왔다.

"싫다, 에드워드! 같이 갈 순 없단 말이야. 어머님과 아버님은 이 일에 대해서 아무 것도 모르고 계신다구. 준비도 되어 있지 않을 뿐더러, 더구나 지금 죽을 순 없어!"

이렇게 말을 끝낸 순간 나의 생각은 트래버즈시에 계시는 부모님에게로 달려갔고, 동시에 정신을 잃었다. 다음에 정신이 들어 주위를 살펴보니 나는 트래버즈시의 상업지구에 있는 대로를 걷고 있었다.

아버지가 경영하는 신사용 의류품점인 셔어먼 앤드 헌터 상회를 향해 걸어가고 있었다. 거리에서 몇 사람 만났는데 누구 하나 거들떠 보지도 않았다.

가게에 들어가 아버지가 장부를 기입하는 방으로 곧장 들

어가면서, 아버지와 공동출자를 하고 있는 헌터씨가 있는 곳
을 지나쳤는데도 그들은 내 존재를 알지 못하고 있었다. 주
위의 모든 것이 자연스러웠고 실제 그대로였다.
 아버지는 이쪽에 등을 돌리고 눈에 익숙한 자세로 장부에
무엇인가 기입하고 계셨다. 나는 아버지 곁으로 가서 한 쪽
손을 아버지 어깨 위에 올려 놓고 '아버지!' 하고 불러 보았
다. 그런데도 아버지는 몸을 움직이지 않으신다.
 나는 또 한번 똑같은 말을 하고 아버지가 내가 온 것을 알
게 되리라고 생각되는 자리에 섰는데도 여전히 반응이 없었
다. 여기에 이르러서는 놀라지 않을 수 없었다. 내 몸은 실제
의 것이라고 생각하고 있었는 데 주위의 사람들에게는 아무
런 인상도 주지 않는다.
 또 한번 아버지를 불러보았다. 그러자 아버지는 올려다보
시더니 별로 이상하게 생각하는 기색도 없이 의자를 뒤로 밀
쳐 놓더니 일어서서 내 곁을 곧장 지나 창가로 가서 그랜드
트래버즈만(灣)의 수면을 내려다보면서 서 계셨다.
 나는 어머니와 웹스터 거리에 있는 우리 집을 생각해 냈
다. 그후 또 다시 나는 실신했는데, 정신이 들고 보니 나는
우리 집 안에 서 있었고, 곧 어머니가 식사준비를 하고 계신
부엌을 향해 걸어갔다.
 "어머니, 해롤드입니다. 지금 돌아왔습니다!"
 어머니는 뒤돌아보시더니 무엇인가를 집어 들고 똑바로
나를 향해 오셨다. 그러나 역시 내가 있다는 것을 알지 못했
다. 자신은 실제의 몸과는 다른 모습을 하고 있는 것이 틀림
없다는 것을 차차 깨닫게 되었다.
 어쨌든 자신의 육체로 되돌아 가지 않으면 안되겠다. 이렇
게 결심하자 마자 급속하게 이동하고 있는 것 같은 마음이

되어 또 한번 의식을 잃었다. 그리고 숨이 차고 괴로와지면서 어디인지 분간할 수 없는 캄캄한 장소에 있었는데, 떠들썩하게 이야기하는 말소리가 들렸다. 차고 젖은 헝겊이 얼굴 위에 덮여 있고, 누군가가 손목을 주므르고, 또 누군가 다른 사람이 가슴을 누르고 있었다. 나는 신음 소리를 냈다. 그리고 가아너 박사의 말소리가 들려 왔다.

"정신이 들었다!"

넉넉히 한 시간이 지나서야 겨우 정신이 들었음을 알게 되었다.

그런데 그 사이에 내가 겪은 일을 자세히 말하자 가아너 박사는 몹시 놀랬다. 즉, 마취약의 분량이 지나쳐서 조금만 더 썼더라면 심장이 멎을 뻔했다는 것, 그리고 소생시키려고 손을 쓰고 있던 광경을 알고 있다고 이야기했던 것이다.

그동안 동생 에드워드를 만났고, 480킬로미터쯤 떨어져 있는 트래버즈시의 부모를 방문했다고 말하자, 박사는 고개를 설레설레 흔들 뿐이었다.

"수술중의 일을 알고 있고, 의식이 없다고 우리들이 생각하고 있었을 때의 대화까지 들렸으니까, 그 밖의 일에 대해서도 거짓말을 하고 있는 것같이 생각되지는 않군요."

하고 가아너 박사는 말하는 것이었다.

이러한 예기치 못했던 유체이탈의 체험이 있었으므로, 데이비드 퀸의 경우에 대해서도 그때의 그의 상태에 대해서 대충 추측할 수 있었는데, 그러나 그와는 아주 중요한 차이가 있었다.

그는 자신의 마음의 초감각력을 병원에서 불이 났을 때에 입증했다. 그리고 그 힘을 지배하고 지시할 수 있다는 것에 대해서도 알고 있었으므로, 임종 때에 나와 그의 친구인 맥라커 양에게 자신이 처해 있는 어려운 처지를 알리려고 한 시도도 의식적으로 충분히 생각한 후에 했을 것이다.
  그리고 실제로 말소리로는 표현하지 못했다 할지라도 그의 모습의 환영(幻影)만은 우리들에게 인상지어 줄 수 있었던 것이다. 나의 경우에는 그 어느 것도 하지 못했다.

5. 내가 유체(幽體)가 되었을 때

꽤 시일이 지난 후의 일인데, 아내와 작은 딸 메리와 함께 뉴욕에서 살고 있었을 때 두번째의 유체이탈의 체험을 했다. 나는 저술가로서 일해 왔으며, 창작에 진척이 없을 때에는 언제나 서재에 있는 간이침대에 눕곤 했다.

어느 날 나는 아파트 문을 열쇠를 넣어 여는 소리를 듣고 튕겨지듯 일어났다.

아내 마아사는 딸 메리를 데리고 시장에 물건을 사러 나가고 집에 없었으며, 산 물건을 가득히 안고 돌아온다는 것을 알고 있었다. 그래서 서재에서 급히 나와 문을 열어 주는 것이 습관이었다.

그런데 이날은 일어나려던 순간에 몸이 마비되어 있음을 알았다. 그와 동시에 나의 안에 있는 무엇인가가 반응해 온 것을 알았다.

그것은 자기가 서재의 닫혀 있는 문에 소리를 내면서 부딪친 것을 갑자기 알았기 때문이다. 그래서 뒤돌아 보았더니 아직도 나의 육체가 간이침대 위에 큰 대자로 누워 있지 않은가.

이때의 소름이 끼친 느낌은 독자 여러분도 알아 주리라고 믿는다. 나는 마중나가는 일을 그만두려고 했다. 그러자 의식은 육체로 되돌아 가서 본래의 상태가 되려고 애쓰고 있음을 깨달았다. 계속해서 또 자물쇠를 여는 열쇠 소리가 들려왔다.

내가 다시 응답하려고 하자, 또 똑같은 일이 일어나는 것이었다. 마음 속에서 타박상이 될 정도로 힘을 짜내어 몸을 서재의 문에 부딪쳤다.

그러자 또 간이침대 위에 멍청히 누워 있는 몸이 보였다. 또다시 육체로 되돌아 가려는 몰아 세우는 듯한 마음에 사로 잡혔는데, 그와 거의 동시에 의식을 잃고 말았다. 그리고 육체 안에서 제정신이 들어 자유롭게 몸을 지배할 수 있다는 것을 알고서 비로소 안심했다.

마아사가 객실을 지나 이쪽으로 오는 소리와, 메리가 앞장서서 서재 옆 방에 있는 거실로 뛰어 들어오는 소리가 들렸다.

그 방에 들어온 딸은 라디오 스위치를 넣고 관현악단의 재즈 음악을 틀었다.

마중나가려는 생각에 약간 정신이 흐릿하면서도 일어섰다. 마음이 맑아짐에 따라 뒤흔드는 것 같은 실감이 솟아올랐다.

마아사와 메리는 아파트에 없다!

아직 집에 돌아오지 않았다!

라디오는 켜 있지 않다!

그런데 이번에야말로 정말 열쇠 구멍에 열쇠를 끼워 놓는 소리가 들려 왔다. 그런데 힘이 빠져 일어날 기력이 없었다.

그때 이미 메리는 객실로 들어오고 있었다. 발소리가 요란스레 들린다. 딱!하는 소리, 라디오가 켜지고 2,3분 전에 들었던 것과 같은 관현악단의 연주방송을 골라 스위치를 넣은 것이다.

 이 광경 전체는 실제로 일어나기 전에 의식 속에서 생기고 있었던 것이다.

 지금 있있틴 일을 김도해 보니 니러 가시 상태토서 있을 수 있다고 생각되는 일이 머리에 떠 오른다. 마아사가 현관에 와 있다는 것을 예고하는 꿈을 꾸었을 때, 나는 육체라기보다도 오히려 유체(幽體)가 되어 자고 있었을 것이다.

 그런데 아내를 마중나가려고 하는 충동이 언제나처럼 일어났다. 그러나 육체 대신에 육체와 똑같은 유체가 응했으리라고 생각된다.

 유체가 되어 일을 하려다가 일시적으로라도 관계를 끊어 버리기가 어려워서 육체로 되돌아 가서 다시 한번 문을 열어 주러 나가려고 해 보았는데, 또 육체를 떠날 수 밖에 없는 결과가 되었다.

 이것은 유체에로의 이동이 완전히 끝나지 않고 있었던 것이 원인이었으리라고 생각된다.

 그런데 아직 의식이 중간적인 상태에 있는 사이에 열쇠 구멍에 열쇠를 끼우는 소리가 났으며, 마아사가 들어오고, 메리가 객실을 달려 왔고, 라디오 스위치가 딱! 소리를 내고 켜졌으며, 저 재즈 음악이 울려퍼지는 것을 미리 보인 것은 예견적인 꿈의 인상이며, 의식이 확실해짐에 따라 정상적인 시간의 주기(周期)로 되돌아 왔는데, 거기에서는 아직 일련의 사건은 일어나고 있지 않았었다.

 여기에서 내가 체험한 일련의 사건은 보통의 육체와 유체, 그리고 차원을 달리하는 시간과 관련된 이질적인 마음의 수준 사이에는 상호간에 얼마 만한 밀접한 관계가 있는가를 나타내 보이고 있다.

또 실체가 수면중에 육체를 떠나 유체라든가 이른바 영체가 되는 경우가 많은 것을 말해 주고 있다.

내가 서재의 잠겨 있는 문에 방해를 받은 것을 이상하게 생각한 것처럼 아마 독자들도 그렇게 생각하리라고 믿는다. 이것은 닫혀 있는 문으로 빠져 나갈 수가 없고 저쪽으로 나가기 위해서는 문을 열어 둘 필요가 있다는 상식적인 관념을 마음에 품고 있었기 때문이라고 생각된다.

처음으로 나의 유체가 육체를 떠난 경험을 했을 때, 나는 그다지 제약을 받고 있지 않았다.

그러나 어떤 경우에는 사정이 퍽 달랐다. 나의 육체는 일시적이나마 죽음에 직면하고 있었으며, 필요하다면 실체를 완전히 해방할 수도 있었을는지 모른다.

그런 상태하에서 나는 꽤 자유자재로 이동할 수 있을 것 같은 생각이 들었다. 그리고 빠른 속도로 고향에 나를 데리고 갔다가 다시 데리고 온 것이다.

대다수의 사람은 자기 뜻대로 육체를 벗어날 능력을 갖고 있지 않다. 인도나 티베트의 고승(高僧)에게는 그런 힘이 있다고 전해지고 있는데, 나는 그들의 공개실험을 본 일이 없으므로, 여기서는 내가 잘 알고 있고 또 면밀한 검토를 가할 수 있는 기회가 있었던 의심할 여지가 없는 체험담의 범위 안에서 그쳐 두기로 하겠다.

내가 보증할 수 있고, 더구나 많은 목격자들에게 확인을 받은 가장 현저한 유체이탈의 한 예를 들어보자.

그것은 1921년 8월에 있었던 일인데, 해리·J·루스라는 남자와 관계가 있다. 그 사람과 내가 처음으로 만난 것은 그 일이 있었던 몇 년 전의 일이었다.

어째서 그 사람은 기다리고 있었는가?

나는 당시 인디애나주 메리언에서 메리언 크로니클이라는 신문사의 기자로 일하고 있었다.

루스씨는 그때 범죄와 범죄학의 문제에 대한 야외강연협회의 레트퍼스 쇼트콰의 순회 강연을 하고 있던 중이었다.

발표된 바에 의하면, 그는 시카고 경찰국에 봉직하고 있었고 그곳을 그만둔 후에는 사립탐정 겸 시카고 데일리 뉴우스사(社)의 경비부장이라는 직함 이외에 한 시의회에 배속되어 있는 사복 형사이기도 했다.

그의 오후에 있을 강연을 취재할 임무가 나에게 활당되었으므로, 판에 박은 대로의 추억담을 쓸 작정으로 초고를 작성했다. 그러나 그 사람을 꼭 만나고 싶다는 마음이 강해졌다.

그가 묵고 있는 호텔로 가는 도중에 현재의식이 귀찮게 질문하기 시작했다.

"어째서 루스씨를 만나고 싶어하는가? 벌써 그에 관한 기사는 완성되어 있지 않은가? 무슨 이유를 달아 면회를 하겠다는 말인가?"

나는 곧 대답이 나오지 않았다. 그리고 어째서 그를 만나고 싶은 마음이 간절한지 그 이유도 설명할 수 없었다.

나는 작품 창작 이외에 심령연구나 자신이 갖고 있는 것과 같은 초감각적 능력을 발달시키는 일에 전력을 기울이고 있었는데, 해리·J·루스의 강연에는 형이상학(삼라만상의 배후에 있는 원리를 추구하는 과학)에의 관심을 가질 만한 것은 아무 것도 없었다.

그 시에서는 일류 호텔인 스펜서 하우스 앞에까지 와서야 비로소 범죄 특집 기사의 자료를 얻고 싶다는 구실을 생각해 냈다.

그러나 어쩐지 호텔 안으로 들어가고 싶지 않아 그 구획을 몇 번이나 돌다가, 마침내 루스씨는 그곳에 투숙하고 있지 않고 2백 미터쯤 떨어진 메리언 호텔에 가면 만날 수 있을 것 같은 느낌이 들었다.

그래서 곧 메리언 호텔로 가서 휴게실에 들어가 야근한 사무원에게 물었는데, 그 사람은 이제까지 한 번도 만난 일이 없는 사람이었다.

"여기에 해리 · J · 루스씨가 묵고 계십니까?"

"네, 계십니다."

라고 대답했다.

"잠기 기다려 주십시오. 방에 계시는지 연락해 보겠습니다."

이쪽 이름도 묻지 않고 루스씨의 방에 전화를 연결해서 벨을 울렸다. 루스씨가 전화를 받자, 간단하게 이렇게 말했다.

"남자 분이 로비에 와 계십니다."

루스씨가 무어라고 대답하는 것 같았다. 그리고 사무원은 나를 돌아보더니,

"곧장 올라 가십시오. 401호실에 계십니다."

라고 말했다.

401호실 문을 똑똑 두드렸더니 안에서 대답이 들려왔다.

"네, 들어 오시지요, 셔어먼씨!"

간이 철렁하고 내려앉은듯 했으나 문을 열자 해리 · J · 루스가 속옷만을 입은 채로 침대 위에 큰 대자로 누워 있는 것이 보였다.

마치 객이 오는 것을 기다리고나 있는 듯이 의자 하나가

침대 곁으로 당겨져 놓여 있었다.
 그는 미소를 지으면서 구면인 사람에게 하듯 인사를 했다.
 "들어오십시오, 셔어먼씨, 자 여기에 앉으시지요."
 "너무 늦으셨군요. 반 시간이나 지나셨습니다!"
 이것은 놀라지 않을 수 없는 일이었다. 처음에 스펜서 하우스로 가지 않고, 메리언 호텔에 오기 전에 우물쭈물하지 않았더라면 반 시간 일찍 도착했을 것이다.
 그런데 루스씨는 어떻게 해서 그것을 알았을까? 그 위에 내 이름은 어떻게 알아 냈을까? 나는,
 "만나 뵙자마자 완전히 무장해제당한 꼴이 되어 버렸습니다."
 라고 말했다.
 "만나 뵙고 싶다는 기분에 어찌나 압도되었는지는 설명드릴 수가 없습니다. 범죄인을 상대로 한 사건에 대해서 회견하고 싶다고 말할 예정이었습니다만, 사실은 나 자신도 그것이 이유가 아니라는 것을 알고 있었습니다. 내가 온다는 것을 어떻게 아셨으며, 더구나 이름을 알고 계시는 것은 어째서입니까? 어떻게 해서 그런 일이 가능합니까?"
 루스씨는 잠시 내 얼굴을 응시하고 있었다. 그리고 다음과 같이 말했다.
 "사실은 우연히 일어나는 일은 절대로 없습니다. 당신에게는 정신적인 면에서 여러 가지 기묘한 개인적 체험이 있습니다. 사람이 열심히 끈기 있게 정보라든가 지식을 구하고 있으면 언젠가는 그에 대한 회답 몇 가지를 준비할 수 있는 인물이 나타나는 법입니다. 이렇게 해서 나는 몇 번이나 원조를 받았습니다. 그리고 그러한 면에서 나 자신을 개발해 두었기 때문에 나에 대한 당신의 상념을 알고 도착하기 전에

이름을 알아 낼 수 있었던 것입니다."
  루스씨는 나의 의문을 풀어 주고, 이 방면의 연구와 초감각적 능력의 발달에 필요한 확신이나 자신을 부여해 주기 위해서 어떤 보기 드문 정신 현상에 대해서 이야기해 주었고 내가 저술 관계의 일로 뉴욕에 가게 될 것이라고 예언했다.
  그 자신에게도 무엇인가 특별한 일이 일어나 머지 않아 모습을 감추게 되지만, 만사가 순조롭게 진행된다면 길게 잡아도 20년이 지나면 재회하게 될지도 모른다고 말했다.
  나는 이 비범한 인물과의 단 한번의 회견으로 깊은 감명을 받고 인생행로가 결정되었다. 수일 후에 나와 나의 아내는 루스씨로부터 한 통의 편지를 받았다.
  그에 의하면 우리의 가정 형편을 손바닥 들여다보듯 낱낱이 알고 있었으며, 초감각상의 연구에서 조금이라도 보람있는 결과를 바란다면, 신체와 정신 그리고 감정의 균형을 조금도 흐트러지지 않게 유지하는 일이 가장 중요한 일이라고 역설하고 있었다.
  이 편지를 마지막으로 해리·J·루스로부터는 20년 동안 아무런 소식도 없었다. 나는 최근 20년 동안 레드퍼스 쇼트쾌 사무국 앞으로, 또 시카고 경찰서 앞으로 몇 번이나 편지를 그에게 보내려고 시도했으나 번번이 헛수고가 되고 말았다.
  나는 그가 예언한 대로 1924년 봄에 뉴욕시로 가서 저술활동에 들어가 성공을 거두게 되었다.
  그와 동시에 여가의 대부분을 계속 마음의 초감각력 연구와 실제 연습에 충당했다.
  휴버트 윌킨즈 경과의 장거리 텔레파시 실험은 1937년의 가을과 1938년의 봄에 실시되었다.

1939년 3월호의 코스모폴리탄지에 특별기사로 실림으로써 그 실험은 비로소 세상의 주목을 끌었다.

1942년에 우리들의 실험이 각색되어 전 미국으로 방송되었고 휴버트 성과 나는 〈이상하게 생각되시만〉이라는 라디오 프로에 출연했다.

홍미를 갖고 질문을 보내오는 몇천 통이나 되는 편지에 우리들은 압도당하고 말았다. 우편물은 어떻게든 정리해서 답장을 꼭 보내 주었다.

불가사의한 충동에 사로잡혀

내가 받은 몇 천통이나 되는 편지 속에서 당시 미시건 시가노 경찰범죄방지부 부장 월터·M·저어메인씨가 보낸 편지가 나왔다.

그에 대한 답장을 쓰고 있을 때 도저히 말로는 설명할 수 없는 충동에 사로잡혀 추신을 덧붙여, 전에 시카고 경찰에 적을 두었었고, 몇 년 전에 기묘한 사정으로 만난 일이 있었으며, 다시 꼭 만나보고 싶은 해리·J·루스씨가 계신 곳을 혹 알고 계시지 않느냐고 물어보았다.

루스씨는 퇴직해서 지금은 캘리포니아의 몬테레 파아크시에 살고 있다는 답장이 저어메인씨로부터 왔다.

곧 해리 루스씨에게 편지를 냈더니, 20년 동안의 나의 생활과 활동을 잘 알고 있다고 하는 내용의 편지가 왔다. 그 편지의 말미에 곧 캘리포오니아에서 나와 만나게 될 것이라고 끝을 맺고 있었다. 당시에는 그런 여행을 하리라고는 생각도 못하고 있었다.

제시·J·러스키가 내가 쓴 시나리오 〈마아크 트웨인〉에 흥미를 갖게 된 것은 그로부터 2, 3개월 후의 일이었다.

어느 날 루스씨가 보낸 편지를 받았는데, 그에 의하면 내가 러스키씨로부터 다음 일요일 밤에 장거리 전화를 받고 내주 초에 회의를 하기 위해 헐리우드로 여행을 떠나리라는 것이었다.

일요일의 한밤중까지 전화가 없었으나, 역시 루스씨가 예언한 대로 잠시 후에 정말 전화가 걸려 왔다.

제정신이 들자 기차에── 캘리포니아행 기차에 타고 있었다. 이제 70세가 된 이 고도로 발전한 사람과의 재회는 평생 잊을 수 없는 사건이었다.

그로부터 수개월이 지난 후에 나는 아내와 두 딸을 해변으로 데리고 갔다. 그리고 캔터베리 아파트에 유숙했다.

나의 제안으로 일요일 오후에는 우리들이 몬테레 파아크시의 해리 루스씨 댁을 방문하기도 하고, 또 그가 헐리우드에 우리들을 찾아오기도 했다.

이러한 교제를 통해서 나와 아내는 마음의 초감각력에 대해 권위있는 것을 여러 가지 배웠다.

1941년의 감사절(11월의 네째 목요일)에는 그들의 정성어린 대접과 우정에 대한 감사의 뜻을 표하고, 해리와 그의 모친에게 과실 한 바구니씩을 각각 보냈다.

정오를 조금 지났을 무렵에 마아사와 딸을 데리고 드라이브를 즐기고, 오후 3시 경에 캔터베리의 아파트에 돌아왔던 것이다.

또 한 사람의 루스씨

아파드 현관에 들어서자마자 프론드의 카즌스씨가 메모를 건네 주었다. 오후 2시 반이라는 시간이 적혀 있었고, 다음과 같이 씌어 있었다.

〈루스씨가 오셨었습니다――일요일에 만나고 싶어하십니다.〉

이것은 또 뜻밖의 일이었다. 루스씨는 예정한 일요일 오후를 빼고는 먼 곳을 차로 달려오는 일은 한 번도 없었다 어쩌면 헐리우드에서 몬테레 파아크시의 루스씨 댁으로 전화를 걸어 보았다. 그가 전화를 받았으므로,

"뵙지 못해서 정말 죄송합니다."

라고 말하자,

당황한 모양으로 무엇인가 잘못된 것이 아닙니까, 라는 대답이었다. 그는 하루종일 집에서 나온 일이 없었다고 한다.

"정말 모를 일이군요――저에게 당신께서 방문하셨고 일요일에 만나게 될 것이라고 씌어 있는 메모가 있는데요."

라고 내가 말하자,

"그 전언대로입니다.――이번 일요일에 댁의 여러분이 오시는 것을 기다리고 있습니다. 그러나 되풀이 해서 죄송합니다만, 오늘은 아무 데에도 나간 일이 없었습니다."

라는 대답이었다.

"그것참 정말 이상한 일인데요."

라고 나는 거듭 주장했다.

"일요일은 카즌스씨의 정해져 있는 B번 날이며, 당신이 평일에 캔터베리에 오신 것은 오늘뿐입니다. 그는 개인적으

로 당신과 만난 일이 없으며, 더구나 성함을 들을 기회조차
도 없었으니까요. 어쨌든 전화를 일단 끊고 카즌스씨에게 물
어보도록 하겠습니다."
 "네, 그렇게 해 보십시오."
 루스씨는 재촉하듯이 말했다.
 "나도 진상을 확인하고 싶습니다."
 내객 명부에 방문자로서 이름이 적혀 있는 사람이 '하루
종일 집에 있었다'고 지금 막 전화로 말하고 있었다고 말하
자, 카즌스씨는 몹시 놀랬다. 나는 그에게, 그 사람의 특징을
혹시 기억하고 있느냐고 물어보았다.
 얼핏 보기에는 작업복인 듯한 복장——골덴 바지에 갈색
스웨터, 진한 감색 샤쓰와 모자를 썼으므로 확실히 기억하고
있다고 카즌스씨는 말했다. 나는 또 한번 놀랬다.
 "우리들이 그를 방문했을 때, 루스씨가 집안이나 정원에서
늘 입고 있는 복장을 지금 당신은 정확하게 알아 맞추어 주
었습니다. 그러나 우리들을 방문할 때에는 반드시 외출복으
로 갈아 입고 펠트의 중절모입니다. 그 밖에 무엇이든 좋으
니 생각나는 일을 이야기해 주십시오."
 그러자 카즌스씨는 크로포오드 부인이라고 하는 사람과
이야기를 하고 있었다는 것, 그때 마침 지금 말한 것 같은 복
장을 한 나이 듬직한 신사가 사무소에 나타났다고 이야기해
주었다. 그러나 그가 가까이 오는 것을 그들은 보고 있지 않
았다고 한다.
 갑자기 그는 그곳에 와 있었다는 것이다. 카즌스씨가 보자
마자 그 사람은 우리들이 방에 있는가 없는가 묻지도 않고
이야기를 시작했다고 한다. 의치(義齒)를 끼고 있었고, 흔들
릴까봐 매우 조심하며 천천히 힘들여 입을 열었다는 것이다.

카즈스씨에 의하면 그는,

"셔어먼씨에게 전해 주십시오──일요일에 만나겠다구요."

라고 말했다고 한다.

메모지를 상자에 넣기 위해서 카즈스씨가 뒤로 돌아섰을 때 루스씨는 프론트를 떠나 현관 쪽을 향해 가고 있었다. 크로포오드 부인은 이 신사가 '별난 사람'으로 보였다고 한다. 그 말에는 그도 긍정했다고 말하는 것이었다.

기억나는 일은 전부 이야기하고 나서 카즈스씨는 이렇게 나에게 물었다.

"하지만 셔어먼씨, 지금 그 분이 루스씨가 아니었다면, 도대체 누구였을까요?"

"그 질문에 대해서는 지금 당장에 대답하기 어렵습니다. 당신에게는 나중에 말씀드릴 수 밖에 없군요."

나는 방에 돌아와 루스씨에게 다시 한번 전화를 걸어, 카즈스씨의 묘사가 너무나도 정확하여 사람을 잘못 볼 리가 없다고 이야기했다. 루스씨는 이 통지를 받고 넋을 잃은 모양이었다.

그리고 외출할 때에는 반드시 모자를 쓴다고 말하면서 모자만 다를 뿐 옷은 그가 말한 그대로의 것을 입고 있다고 말했다. 나는,

"그것을 어떻게 설명하시겠습니까?"

라고 물어보았다.

해리의 말투는 극히 묵직했다.

"확실한 것은 알 수 없습니다."

라고 대답하고,

"말씀하신 것을 들어 보면 카즈스씨는 틀림없이 무엇인가

를 본 것 같습니다. 나는 마음이 몹시 불안합니다. 전화로는 긴 말씀 드리기 어려우니 일요일에 만나뵙고 그 이야기를 하겠습니다. 그동안에는 아무쪼록 누구에게도 이 말을 하지 말아 주십시오."

일요일 오후에 예정한 대로 루스씨 댁을 초조한 마음으로 방문했다. 해리는 감사절날에 입었던 옷과 같은 옷을 입고 있었다. 그리고 지금까지는 본 일이 없을 정도로 무겁고 괴로운 듯한 기분에 잠겨 있는 것 같이 보였다.

그리고 우리들에게는 믿어지지 않을지도 모를 일신상의 일을 숨김없이 이야기할 때가 온 것 같았다.

그의 이야기에 의하면, 어떤 사람들을 방문하려고 육체에서 벗어나 유체의 모습으로 멀리 떨어져 있는 곳에 의식해서 나타날 수 있게 된 것은 이미 수년 전의 일이라고 한다.

그럴 때에는 육체는 깊은 수면상태로 들어가 있으며, 모친이 반드시 곁에 있고, 그 사이에 깨우려고 하면 신경이 심한 충격을 일으킨다고 한다. 그리고 해리는 마지막으로 이렇게 말했다.

"캔터베리의 아파트에 나타났다고 했습니다만, 카즌스씨가 정말 나와 똑 같은 사람을 보았는지 확인하고 싶습니다. 며칠 사이에 감사절날의 모습과 꼭같은 모습을 하고 헐리우드로 차를 타고 가서 불의에 얼굴을 내밀고, 나라는 것을 알아볼지 어떤지를 조사하고 싶습니다."

그리고 그 계획을 다음 화요일 아침에 실행하기로 했다.

나는 해리가 수십 미터 아래쪽 거리에서 차를 주차장으로 넣고 있을 때에 만나, 캔터베리 아파트 옆의 입구로 그를 안내했다.

그리고 이번에는 그를 혼자서 긴 복도를 지나 프론트까지

가게 했는데, 그것은 메인 로비 안으로 ㄱ자로 뻗어 있었다. 나는 사람의 눈에 띄지 않고 관찰할 수 있도록 현관 안쪽에 서 있었다.

해리가 프론트에 도착한 순간 카즌스씨의 목소리가 전화 교환기 쪽에서 들려왔다. 오싹해질 정도로 놀라며,

"아니, 안녕하셨습니까, 루스씨!"

라고 큰 소리로 말하는 것이 들렸다.

루스씨임이 확인되자, 이번에는 내가 복도를 지나 이 분은 틀림없는 진짜 루스씨입니다 라고 카즌스씨에게 말했다. 카즌스씨는 겁이 나는 듯이 웃고 살아난 듯한 안도의 표정을 지었다. 그러나 해리에게 있어서는 이것은 조금도 우스운 일이 아니어서 그는,

"죄송합니다만, 감사절날에 보고 들으신 것을 정확하게 되풀이 해 주실 수 없으실까요?"

라고 카즌스씨에게 부탁했다. 카즌스씨가 승낙하자, 해리는 정중하게 물었다.

"바로 저를 잘 보아 주십시요. 당신이 기억하고 계시는 그 날 오후에 보셨던 그대로의 복장으로 보입니까?"

결점을 찾듯이 카즌스씨는 자세히 그를 관찰했다. 그리고는 "네!"라고 대답했다.

"아마 샤쓰 이외에는,. 그것은 전에 입고 계시는 것보다는 약간 엷은 색깔로 보입니다."

해리는 고개를 끄덕였다.

"말씀하시는 대로입니다. 지금은 세탁을 한 좀 짙은 감색 샤쓰를 입고 있습니다."

카즌스씨는 물었다.

"이건 좀 기분 나쁜데요. 어떻게 해서 이런 일이 일어날 수

있을까요?"

"일종의 정신현상입니다"

라고 해리는 대답했다.

나는 자세한 설명에 말려들어가고 싶지 않은 카즌스씨의 기분을 알 수 있었다.

"걱정하실 필요는 조금도 없습니다. 카즌스씨, 이런 일은 두번 다시 일어나지 않을 테니까요."

해리는 나와 함께 우리 가족이 머물고 있는 아파트로 가서 의자에 털썩 주저앉더니 약 반 시간 동안이나 조용히 깊은 생각에 잠겨 있었다. 그가 이성을 잃고 있는 것을 나와 마아사가 본 것은 이때가 처음이었다.

그리고는 이윽고 다음과 같은 말을 했다.

"지금 이 일이 사실이라는 것을 인정하고 싶지는 않지만, 인정하지 않을 수도 없을 것 같습니다. 누구나 이러한 능력을 지배하고 있을 때에는 할 말이 없습니다만, 그러나 알지 못하는 사이에 자기 의지와는 관계없이 이러한 능력이 작용하게 되면 이것은 큰 문제입니다."

그리고 해리는 설명을 했다.

그의 출가한 딸 조지, 사위 레이, 그리고 해리의 손자뻘 되는 존은 감사절날에 식사를 같이 하기 위해서 루스 댁에 와 있었다.

식사가 끝난 후 그들은 거리 저쪽에 있는 자기들의 집으로 돌아갔고, 모친의 자매인 도로시 헤세는 낮잠을 자려고 안방으로 들어갔다.

해리는 독서라도 할까 하는 생각으로 길다란 안락의자에 앉아 셔어먼 가의 사람들이 친절하게도 보내 준 과실 바구니에 대한 일, 그리고 일요일에 만나게 되는 일 등을 생각하기 시작했다. 그리고 자기도 모르는 사이에 잠들어 버렸다.
 그리고 육체를 떠나 캔터베리의 아파트에 유체가 되어 나타나 카즌스씨와 크로포오드 부인의 눈에 비치고 말을 전한 것은 메모에 기입되어 있는 시각인 2시 30분 경임이 틀림없다.
 "그렇게 하려고 한 의지는 의식하고 있지 않았다고 하더라도, 육체를 떠나 캔터베리로 가고 싶다는 생각이 간절했던 것은 당신들에게 관심이 있었기 때문일 것입니다."
 라고 해리는 말했다.
 "걱정스러운 것은 육체로 돌아왔는데도 이 체험을 조금도 기억하고 있지 않다는 것입니다. 이와 같은 현상은 내 자신이 자제할 수 있게 해 둘 필요가 있죠."
 이만큼 충분한 목격자가 있고, 이렇게 자세히 관찰된 실례는 드문 일이므로, 적어도 나에게만은 이 유체이탈이 정말 고마운 일이라고 해리에게 말했다.
 "가족들이 보고 있는 곳에서 하루종일 집에 있었다는 것과, 그리고 차고에서 차를 꺼낸일이 없다는 것을 서명해서 증명한 것을 가족되시는 분들로부터 받을 수 있으면 퍽 고맙겠습니다."
 라고 부탁하고, 그대신 카즌스씨와 크로포오드 부인으로부터 그들의 체험을 기록하여 서명한 것을 얻어 드리겠다고 약속했다.
 해리는 잠시 심사숙고한 뒤에 그렇게 하는 것도 좋겠으나 한 가지만 고려해 달라고 말했다——즉, 그가 이 세상을 떠나기 전에는 유체가 되어 찾아왔었다는 이야기를 공표하지 않겠다고 약속해 달라는 것이었다.
 해리·J·루스는 1943년 11월 21일 사망했다. 나는 1945

년에 처음으로 이야기를, 《사람은 사후에도 살아 있다》라는 책에서 구술서(口述書)를 붙여서 발표했다.
그것은 심령현상의 문헌에서 인용되는 유체이탈의 가장 믿을 만한 한 예로서 오늘날에 와서까지도 한층 두드러진 것이다.
자기 뜻대로 육체를 떠날 수 있다고 주장하는 사람의 일은 모른다. 그러나 아무 생각없이 육체를 떠나는 경험을 한 사람은 많이 있었다.
이 방면에서 가장 널리 알려져 있는 실험자는 위스컨신주의 다아링턴에 살고 있는 유명한 실번 말둔이며, 그 체험담은 《유체이탈론》이라는 책에 자세히 기술되어 있다. 그리고 또 펜실바니아주 컨프턴의 존 미틀이 있다.
이 사람도 그 자신의 기묘한 체험에 대해서 쓰고 있으며, 나와 오랫동안 편지를 교환한 사람이다. 그가 저술한 작은 책자에서 미틀씨는 다음과 같이 말하고 있다.

유체이탈이란, 그것을 열망하는 사람이 육체를 떠나 일시적으로 유체를 이용하여 육체에서 옮겨지는 의식을 태우고 영계나 유계(幽界)를 여행할 수 있는 것을 말한다.
사람은 누구나 다 육체와 영체 또는 유체라고 하는 두 가지 몸을 지니고 있다. 참다운 자기란 많은 사람들이 믿고 있는 육체도 아니며, 또 영체 혹은 유체도 아니다. 참다운 자기란 의식인 것이다. 영적 훈련을 쌓은 사람이면 누구나 그것을 느낄 수 있다…….
유체로 움직일 때 그 주변에 떠 있는 것은 자기의 육체라고 생각할 것이다. 육체로 느끼는 것 같이 생각되므로, 자기가 꿈을 꾸고 있는 상태에 있다는 생각은 마음에 떠 오르지 않는다.

　대체로 꿈은 상징적인 사건이며, 거기에는 배우와 무대간에 균형이 잡혀 있지 않고 과장되어 있는 일이 많다. 유체가 되어 날으고 있으면 물질계의 모든 것이 마치 육안으로 보는 것처럼 보인다.

　예를 들면 친구 집에 간다고 가정하자마자 실제로 그 장소에 있는 것처럼 모든 물체가 같은 상태라는 것을 알게 될 것이다.

　이들 두 가지의 존재의 서로 틀린 점을 믿지 않는 사람들에게 설명한다는 것은 매우 어려운 일이라고 생각한다.

　그것이 어떤 것인가를 타인에게 전한다는 것은 너무나도 힘겨운 일이다. 그것은 실제로 있었던 개인적인 체험에 의해서만 알 수 있는 일이기 때문이다.

　자고 있든가 무의식상태에 있을 때에는 누구에게나 유체이탈이 일어날 가능성이 있다. 그러나 이런 체험의 대부분은 잠에서 깨어나 보면 기억에 남지 않는다.

　존 미틀의 이야기를 인용한 것은 반드시 그의 개인적인 사고방식을 내가 인정하기 때문이 아니라 수많은 유체이탈에 대한 그의 묘사가 나 자신의 연구와 실제 경험에서 발견한 것과 거의 같기 때문이다.

6. 유체이탈(幽體離脫)의 경험담

몇 가지 진위(眞僞)를 확인하기 위해서 나는 질문서를 그에게 보냈는데, 그의 회답은 이 현상을 깊이 연구하고 싶다고 생각하는 사람에게는 흥미가 깊고 가치가 있으리라고 믿는다.

문 유체가 되면, 육체적인 때와 외관이 같은 몸의 형태를 의식합니까? 그리고 당신의 외부에 있는 물체도 보기에 실체가 있는 것 같이 보입니까?
답 그렇습니다. 나는 저승의 물체와 똑같은 몸의 형태를 한 것도 의식하고 있습니다. 이탈했을 때에 늘 일어나는 일을 예로 들어, 이 점을 더욱 자세히 말씀드릴 수 있습니다. 한 예를 들어 보기로 하겠습니다.
몇 번이나 눈을 떴다, 아니 잠에서 깨어났다고 생각했습니다. 그리고 아랫층으로 내려가 아침 식사 준비를 했습니다. 커피 포드의 스위치를 꽂으려고 했을 때 비로소 유체임을 알았습니다. 유체가 되어 있으면 형태가 있는 것을 들어 올리거나 움직일 수 없다는 것을 나는 알게 되었습니다. 이런 종류의 체험에는 가벼운 실망을 느꼈습니다. 그래서 침대에 아직 누워 있는 육체로 되돌아 가게 되는 것입니다. 유체이탈을 의식하고 있을 경우에는 집에 있는 모든 물건이 육안으로 볼 때와 완전히 똑같습니다.

　문 유체상태가 되어 있을 때는 무엇에 의해서 생존하고 있다고 생각됩니까? 육체적인 때처럼 호흡도 합니까?

　답 그것은 퍽 어려운 질문입니다. 나는 유체가 되어 있어서 완전히 자유로운 기분이며, 긴장감이 없고, 다른 장소로 옮기고 싶다고 생각만 하고 있으면 거의 즉시 그곳에 도착할 수 있습니다.(물론 예외도 있습니다) 그러나 거리가 멀면 약간 시간이 걸립니다. 호흡은 거의 의식하지 않습니다. 그러나 육체로 되돌아 와서 잠에서 깨어나면 몹시 호흡이 곤란하다는 것을 알게 됩니다.

　문 유계를 실재의 세계라고 보십니까? 그렇지 않으면 실재하지 않는 것으로 보십니까?

　답 나에게 있어서 유계란 영의 세계 중에서도 가장 밀도가 높은 부분이나 계층입니다. 그것은 한층 더 고도한 진동상태로 밖에는 묘사할 수 없는 형태로 존재하는 물질계와 똑같이 실재적입니다.

　해리 루스와 실번 말둔, 그리고 존 미틀은 모두 유체이탈을 촉진시키기 위해서 쓰는 기법에 대해서 대체로 의견을 같이 하고 있다.

　내가 앞에서 그 요점을 말해 둔 바와 같이 심신을 완전히 느슨하게 가질 필요가 있다.

　유체이탈가라고 자칭한 어떤 달인(達人)이 언젠가 그럴 듯한 말을 발표했다. 그는,

　"누구든 잠들어 있으면서도 깨어 있을 수 있지 않으면 안 된다."

라고 말했다.

　이것은 실체가 육체를 떠날 때에는, 이미 정규 활동의 근거지를 의식적으로 알지 못하는 것처럼, 육체에 대한 의식보다 좀더 높은 의식에서 떼어 낼 수 있다는 뜻이다. 설사 양자가 아무리 멀리 떨어져 있다 하더라도 유체와 육체를 잇는 전자기성(電磁氣性)의 '혼줄'이라고 불리는 잠재의식의 고리가 이어져 있다.

　육체가 죽은 경우와 같이 어떤 이유로든지 이 고리가 끊어지면, 유체는 그때 원래의 육체 점유로부터 완전히 해방된다.

　혼줄이 끊어지면 막 태어난 아기의 몸이 지상의 모친의 태내에서 완전히 떨어져서 유아의 몸이 이 현세의 생활에 순응해 가는 것과 마찬가지로, 실체가 거주하는 유체는 새로운 차원과 환경 속에서 즉시 작용하기 시작하여 그 생존계로부터 생명의 힘을 충분히 끌어 내는 것이다.

　바꾸어 말하면, 끊임없는 창조 행위의 일부로서의 실체에서 새로운 차원으로 옮기는 것과 동시에 깃들어야 될 다음 차례의 몸의 형태도 결정되어 있다고 말할 수 있다.

유체이탈법

　이탈의 준비로서 가장 좋은 자세는 두 팔을 옆으로 하고 있는 자세로 반듯하게 눕는 것이라고 대부분의 유체이탈 실험자가 말하고 있다.

　내가 처음으로 의식이 있는 유체이탈의 체험을 했을 때에는 병원의 수술대 위에 반듯하게 누워 있었다. 두번째는 서서 육체에서 떠났다.

이런 자세는 육체의 형태를 하고 있는 자세이므로 이때의 사람들은 부분적으로만 유체의 움직임을 체험할 수 있는지도 모른다.

우리들은 자고 있은 동안 육체를 남몰래 출입하는데, 대개는 그런 기억이 전혀 남지 않으며 따라서 그런 사건을 체험해도 해를 끼치는 일이 없다고 나는 확신하고 있다.

그러나 이 신기한 유체의 경험에 참가하여 그것이 진행되고 있는 것을 모든 점에서 알고 있으며, 그 체험을 빠짐없이 기억하고 되돌아 오도록 의식적으로 노력하면, 사정은 달라진다.

육체이탈을 의식하여 생각하면 보통 사람에게는 불안감이 일어나게 된다. 그 이유는 그들은 육체를 유일한 거처라고 생각하고 있으며, 육체로부터의 분리는 곧 죽음을 연상케 하기 때문이다. 이렇게 되면 유체의 해방을 용납할 정도로 충분히 심신의 긴장을 풀 수 없다.

암시는 유체이탈에서 중요한 구실을 한다. 유체상태로 들어가려고 하기 전에 먼저 명상을 할 필요가 있으며, 그 사이에 몸을 모든 긴장에서 풀어 주고, 마음을 모든 불안에서 해방시킬 필요가 있다.

그리고 어떤 사람을 방문하고 싶을 때에는 그런 여행을 마음 속에 그리고, 자기에게는 빠른 사고(思考)로 특정인물이나 장소에 갈 수 있는 능력이 있다는 것을 상상하고 실제의 방문을 마음에 그려보는 것이다. 그리고 이미 그곳에 가 있는 자기를 마음에 묘사하는 일이다.

쓸데없는 걱정을 하지 말고, 목적지에 도착할 수 있다는

에 대한 강렬한 희망을 품는 일이다.
 이 분야의 실험에 손을 대려고 하는 사람들은 아직도 선구자이다. 성공을 거둔다는 것은 그렇게 간단한 일은 아닐지도 모른다.
 그러나 다른 사람에게 증명은 할 수 없다 하더라도 그와 같은 실증할 수 있는 체험의 가능성이 있다는 것은 확신하고 실행하지 않으면 안된다.
 친구나 사랑하는 사람의 가정을 방문하여 그 사람의 눈에 띄든가, 또는 자기의 존재를 어떤 방법으로 느끼게 한다거나, 거기에서 본 광경을 정확하게 기억하고 되돌아 올 수 있다면, 그와 같은 현상이 일어났다고 하는 사실을 타인에게 납득시킬 수 있으리라고 믿는다. 그렇게 하기 위해서는 방해물이 되는 육체적인 활동이 일어나지 않도록 유체이탈을 시도하기 몇 시간 전에 가벼운 식사를 해 두는 것이 좋다.
 아마 처음에는 육체 밖에 오래 머무를 수는 없을 것이고, 설사 오래 머무를 수 있다 하더라도 최초의 이탈을 부분적으로 알고 있는 정도일지 모른다. 그러나 숙련되면 점차 침착한 상태로 발전해 가고 육체에서 이탈한 채 유체를 지배할 수 있게 될 것이다.
 사람이 단순한 육체보다도 훨씬 광대한 존재라고 하는 것을 이러한 집중된 노력에 의해서 이해할 수 있다면 마음 속의 안정과, 강력한 자신과 끈기로서 인생의 모든 상태나 경험에 용감하게 맞서 나갈 수 있으리라고 생각한다.
 진실한 마음의 평안을 위해서도 이것은 심원한 공헌을 약속해 주리라고 믿는다.

(하권에서 계속)

편저자 약력

서울에서 출생하여 서울대 문리대 국문과를 졸업. 1951년 경향신문 신춘문예에「聖火」가 당선되어 문단에 데뷔. 그후 일본에 진출하여「심령치료」「심령진단」「심령문답」등을 저술하여 일본의 심령과학 전문 출판사인 대륙서방에서 간행하여 큰 호응을 얻었으며, 다년간 심령학을 연구함. 그후「업」「업장소멸」,「영혼과 전생이야기」「인과응보」「초능력과 영능력개발법」「최후의 해탈자」「사후의 세계」「심령의 세계」등 심령과학시리즈 20여종 저술(서음미디어 간행)

판권소유

증보판 발행 : 2010년 5월 10일
발행처 : 서음출판사(미디어)
등 록 : No 7-0851호
서울시 동대문구 신설동 94-60
Tel (02) 2253-5292
Fax (02) 2253-5295

저자ㅣ해롤드 셔어먼
편저자ㅣ안 동 민
발행인ㅣ이 관 희
본문편집ㅣ은종기획
표지 일러스트
Juya printing & Design
홈페이지 www.seoeumbook.com
E. mail   seoeum@hanmail.net

*이 책은 저작권법에 의해 보호를 받는 저작물이므로 무단 전제나 복제를 금합니다.
ⓒ seoeum